(사)한국어문회 주관
국가공인 **한자능력검정시험**

자꾸 공부하고픈 책

3級 1817字

모의고사문제집

어문출판사

머 리 말

漢字는 하면 할수록 재밌습니다.
뜻을 알고 익힐 경우 그 속에 禮가 있고 그 속에 自然의 理致가 담겨져 있습니다. 漢字 하나 하나를 익히는 것이 아니라, 이런 眞正한 뜻의 漢字 工夫를 많이 함으로써 思考力과 理解力, 남을 配慮하는 마음을 길러 자라나는 아이들의 世上이 보다 따뜻해지고, 다른 學問을 하는데도 土臺가 되도록 自習하기 좋고, 指導하기 便利하도록 이 冊을 心血을 기울여 만들었습니다.

아무쪼록 이 冊을 通하여, 初等學校때 부터 段階的인 漢字工夫를 하여 人性에도 도움이 되며 他 科目에도 두루 影響을 끼치는 漢字로 거듭나기를 바라면서, 더불어 漢字級數資格證까지 取得한다면 그 동안 忍耐하면서 漢字에 努力을 기울인 것에 대한 보람과 自信感을 가지게 될 것입니다.

이 冊으로 工夫하신 모든 분들의 合格을 祈願합니다.

編著者 씀

접수방법   ① 접수처방문   ② 인터넷접수

① 접수처방문 ・준비물 : 사진2매(3×4)/한자성명/주민등록번호
　　　　　　　　　　　전화번호/주소/우편번호
　　　　　　　・고사장수용인원초과시 조기마감 될 수 있습니다.
　　　　　　　・전국고사장 및 시험문의 : 한국어문회 1566-1400
　　　　　　　　　　　　　　　　　　　　　www.hanja.re.kr

② 인터넷접수 www.hangum.re.kr

◆2003년도 인터넷 원서 접수부터는 이용자약관에 동의하여 회원가입한 분만 인터넷 원서 접수 가능.

◆인터넷회원가입준비물 : 이름, 한자이름, 전화번호, 주소 등의 인적사항과 스캔된 본인의 사진이미지.

◆먼저 회원가입을 해 놓은 응시자는 인터넷접수일자에 본인의 개인정보 및 사진정보등록 없이 로그인만 하면 바로 접수 가능.

③ 접수시기 ・대략 시험일의 2개월前
　　　　　　・(공인급수 특급~3Ⅱ) ┐ 2, 5, 8, 11월 넷째주 土시행
　　　　　　・(교육급수 4급 ~ 8급) ┘ (교육급수 11時, 공인급수 15時)

한자능력검정시험時 유의사항

1. 수험번호, 주민등록번호, 성명 반드시 기재
2. 검정볼펜 사용 (수정액사용)
3. 신분증 지참 (초등학생은 의료보험증 지참)
4. 답안지 칸에 벗어나지 않도록 작성
5. 답안지 낙서 금지
6. 대표훈음을 기재 (검토할 것)

우량상과 우수상의 施賞 基準

級數	總問項 (合格點)	優良賞			優秀賞			備考
		初等	中等	高等	初等	中等	高等	
3級	150 (105)	-	105	112	105	112	120	

第1回 한자능력검정시험 3급

(시험시간 : 60분)

※밑줄 친 漢字語 또는 제시된 漢字語의 讀音을 쓰시오.

1. 모든 일에 率先하여 칭찬을 듣다. (　　)
2. 벽에 龜裂이 가면 위험하다. (　　)
3. 굵은 鐵索으로 배를 정박시키다. (　　)
4. 세뱃돈으로 拾萬원을 받다. (　　)
5. 사월 초파일은 석가 誕辰일이다. (　　)
6. 옛날 시가를 吟風하다. (　　)
7. 수영장에서 蝶泳을 해 보았다. (　　)
8. 퀴즈에 應募하여 당첨되었다. (　　)
9. 이번 대회엔 精銳 선수들만 출전한다. (　　)
10. 죄를 지어 懲役살이를 하다. (　　)
11. 燭臺위에 붉은 촛불이 너울거리다. (　　)
12. 병졸들은 장수의 退却 명령을 따르다. (　　)
13. 무소식에는 畢竟 무슨 일이 있는가보다. (　　)
14. 雀穀을 수확하는 날은 마을 잔칫날이다. (　　)
15. 신세를 지고 忘恩하면 안 된다. (　　)
16. 동굴은 들어갈수록 迷路 같다. (　　)
17. 그는 모임에 顧問으로 추대되다. (　　)
18. 어수룩하면 欺弄 당하기 쉽다. (　　)
19. 시골 堂姪과 함께 피서를 가다. (　　)
20. 유물들이 古墳에서 발견되다. (　　)

21. 罔測(　　)　22. 未遂(　　)
23. 枯葉(　　)　24. 塗料(　　)
25. 埋沒(　　)　26. 肩把(　　)
27. 謹嚴(　　)　28. 來玆(　　)
29. 騰貴(　　)　30. 冒險(　　)
31. 放恣(　　)　32. 狗盜(　　)
33. 登庸(　　)　34. 傍助(　　)
35. 幕僚(　　)　36. 冥福(　　)
37. 密獵(　　)　38. 跳躍(　　)
39. 旣往(　　)　40. 軌範(　　)
41. 角逐(　　)　42. 姦通(　　)
43. 忌避(　　)　44. 挑戰(　　)
45. 返納(　　)

※다음 漢字의 訓과 音을 쓰시오.

46. 謙(　　)　47. 惜(　　)
48. 蘇(　　)　49. 柔(　　)
50. 廷(　　)　51. 梅(　　)
52. 茂(　　)　53. 恥(　　)
54. 藏(　　)　55. 盟(　　)
56. 鑑(　　)　57. 妻(　　)
58. 聘(　　)　59. 似(　　)
60. 尤(　　)　61. 違(　　)
62. 遍(　　)　63. 皆(　　)
64. 茫(　　)　65. 幾(　　)
66. 尋(　　)　67. 岳(　　)
68. 蔽(　　)　69. 捉(　　)
70. 渴(　　)　71. 飢(　　)
72. 棄(　　)

※다음 밑줄 친 漢字語를 漢字로 쓰시오.

73. 태양이는 매우 뛰어난 수재이다.　(　　)
74. 생명공학을 연구하는 과학자.　(　　)
75. 도서관에서 열심히 공부하는 학생들.　(　　)
76. 시험 성적의 기복이 심해서는 안 된다.　(　　)
77. 학교 앞에는 거목이 서 있다.　(　　)
78. 거리에 침을 뱉어도 경범죄에 해당된다.　(　　)
79. 부모의 덕으로 영화를 누리는 사람이 있다.　(　　)
80. 생활 습관은 검소하게 합시다.　(　　)
81. 주말에는 영화 관람을 한다.　(　　)
82. 한자 경시 대회에서 우수상을 받았다.　(　　)
83. 학교에서 선행상을 수상하다.　(　　)
84. 여름이면 수상 스키를 즐긴다.　(　　)

85. 국토 방위에 애쓰는 국군아저씨. ( )
86. 간첩침투를 더욱 경계하다. ( )
87. 팀의 단합이 중요하다고 더욱 강조하시는 감독. ( )
88. 지반이 약한 곳에 견고하게 지은 공장. ( )
89. 적의 동정을 살피는 보초병. ( )
90. 아직도 권위적인 관공서. ( )
91. 삼촌은 관청에 근무하신다. ( )
92. 공무원들이 많이 친절해졌다. ( )
93. 혜진이는 주말에 봉사활동을 한다. ( )
94. 도언이는 공부하는 학생으로 변신했다. ( )
95. 외국여행 시에는 여권이 있어야죠. ( )
96. 나를 전교회장으로 지지 해 준 친구들이 많다. ( )
97. 특별시 다음은 광역시. ( )

※ 같은 뜻의 漢字를 써 單語를 完成하시오.

98. ( )-祥 99. ( )-望 100. 賓-( )
101. ( )-倣 102. ( )-翁 103. 屯-( )
104. ( )-獨 105. ( )-息 106. 朋-( )
107. ( )-匹

※ 反對語를 漢字로 적으시오.

108. ( )-被告
109. ( )-緩行 110. ( )-薄待
111. ( )-不況 112. ( )-生前

※ 反對·相對되는 漢字로 單語를 完成하시오.

113. 加-( ) 114. 干-( ) 115. ( )-怠
116. 難-( ) 117. 單-( )

※ 다음 故事成語를 完成하시오.

118. 謁( )及( ) 119. 昏定晨( )
120. 螢( )之( ) 121. 軒軒丈( )
122. 烏( )梨( ) 123. ( )頭蛇尾
124. 五( )霧( ) 125. ( )談巷說
126. 同( )( )憐 127. ( )必有隣

※ 첫소리가 장음인 것을 고르시오.

①興盛 ②畫家 ③環狀 ④換金 ⑤倉庫
⑥深靑 ⑦興味 ⑧昌平 ⑨針線 ⑩倉卒

128. ( ) 129. ( ) 130. ( )
131. ( ) 132. ( )

※ 音은 같으나 뜻이 다른 漢字語를 쓰시오.

133. 慈悲 : ( ) 스스로 부담하는 비용
134. 〃 : ( ) 스스로 준비함
135. 副賞 : ( ) 자본이 넉넉한 상인
136. 〃 : ( ) 몸에 상처를 입음
137. 〃 : ( ) 등짐장수(보부상)

※ 다음 漢字語의 뜻을 쓰시오.

138. 周衣 : ( )
139. 都是 : ( )
140. 端緖 : ( )
141. 見齒 : ( )
142. 可憎 : ( )

※ 다음 漢字의 部首를 쓰시오.

143. 輝( ) 144. 飜( ) 145. 孰( )
146. 齒( ) 147. 以( )

※ 漢字의 略字를 쓰시오.

148. 假( ) 暇( )
149. 實( ) 質( )
150. 覺( ) 學( )

105점 이상 합격!
150

第2回 한자능력검정시험 3급

(시험시간 : 60분)

※밑줄 친 漢字語 또는 제시된 漢字語의 讀音을 쓰시오.

1. 신하들이 임금님을 謁見하다. ( )
2. 여선생님의 比率이 높아지고 있다. ( )
3. 비석에 새겨진 글을 拓本하다. ( )
4. 조용한 茶室에서 담소를 나누다. ( )
5. 好惡에 따라 웃기도 울기도 하다. ( )
6. 사랑이 큰 만큼 煩惱도 크다. ( )
7. 노사간의 交涉이 결렬되다. ( )
8. 두 나라는 善隣 우호 관계에 있다. ( )
9. 아버지는 臥病중에도 나를 걱정하신다. ( )
10. 소풍가는 날엔 快晴했다. ( )
11. 진실은 밝히지 못한 채 迷宮으로 빠졌다. ( )
12. 작품의 巧拙에 따라 등수를 매긴다. ( )
13. 눈부신 躍進에 회사가 발전하다. ( )
14. 사회생활에서 책임 完遂는 필수다. ( )
15. 현장에서 범인을 逮捕하다. ( )
16. 충격적인 소식에 그저 茫然할 따름이다. ( )
17. 출판물은 校訂이 필요하다. ( )
18. 귀한 손님을 迎賓관에서 맞이하다. ( )
19. 대자연을 畏敬하면서 신비함을 느끼다. ( )
20. 일제시대는 抄掠이 행해졌었다. ( )
21. 淡泊( ) 22. 公薦( )
23. 零細( ) 24. 流暢( )
25. 贈與( ) 26. 驅逐( )
27. 辨濟( ) 28. 誰何( )
29. 嗚呼( ) 30. 爵祿( )
31. 萬邦( ) 32. 腰痛( )
33. 西岸( ) 34. 擁護( )
35. 嫌疑( ) 36. 苗板( )
37. 召還( ) 38. 廉恥( )
39. 獵奇( ) 40. 揮毫( )
41. 謹弔( ) 42. 續絃( )
43. 違背( ) 44. 妥結( )
45. 擴張( )

※다음 漢字의 訓과 音을 쓰시오.

46. 稀( ) 47. 粧( )
48. 宙( ) 49. 臨( )
50. 喪( ) 51. 衝( )
52. 値( ) 53. 慾( )
54. 譯( ) 55. 錯( )
56. 禍( ) 57. 帥( )
58. 慨( ) 59. 唯( )
60. 欺( ) 61. 幅( )
62. 冒( ) 63. 牽( )
64. 雁( ) 65. 乃( )
66. 慘( ) 67. 賜( )
68. 乞( ) 69. 漂( )
70. 那( ) 71. 肩( )
72. 斯( )

※다음 밑줄 친 漢字語를 漢字로 쓰시오.

73. 여행 할 때에는 잡비가 있어야 한다.
　　　　　　　　　　　　　　　　( )
74. LA행 비행기가 이륙했다.
　　　　　　　　　　　　　　　　( )
75. 이순신은 민족의 영웅이다.
　　　　　　　　　　　　　　　　( )
76. 담배는 독점 품목이다.
　　　　　　　　　　　　　　　　( )
77. 대통령이 많은 군중 앞에서 연설하셨다.
　　　　　　　　　　　　　　　　( )
78. 지리산은 등반하기가 험난하다.
　　　　　　　　　　　　　　　　( )
79. 생물이 크는 것을 유심히 관찰하였다.
　　　　　　　　　　　　　　　　( )
80. 요즈음 사계절이 뚜렷하지 않다.
　　　　　　　　　　　　　　　　( )
81. 헛소문은 근거가 없다.
　　　　　　　　　　　　　　　　( )
82. 그에 대한 소문이 자자하다.
　　　　　　　　　　　　　　　　( )
83. 삼촌은 해병대에 입대했다.
　　　　　　　　　　　　　　　　( )
84. 6.25때 용감하게 싸운 국군 아저씨.
　　　　　　　　　　　　　　　　( )

85. 아들의 군입대를 환송 해 주었다. ………………………… ( )
86. 여의도 광장에서 큰 규모의 행사가 열린다. ………………………… ( )
87. 추석에는 할머니 산소에 성묘했다. ………………………… ( )
88. 대통령은 직접선거에 의해 뽑는다. ………………………… ( )
89. 풍부한 경험이 많다. ………………………… ( )
90. 사업에 투자금액은 얼마죠? ………………………… ( )
91. 형님은 대전에 거주하신다. ………………………… ( )
92. 불법행위가 은밀히 이루어지고 있다. ………………………… ( )
93. 합격통지가 우편으로 도착했다. ………………………… ( )
94. 조류독감의 예방을 위하여 양계장 소독을 철저히 해야 한다. ………………………… ( )
95. 상황에 따라 탄력 있게 대처하자. ………………………… ( )
96. 과다한 운동으로 피곤하다. ………………………… ( )
97. 힘든 시험이 끝나고 해방감에 젖다. ………………………… ( )

※같은 뜻의 漢字를 써 單語를 完成하시오.

98. ( )-漫   99. 嘗-( )   100. 尋-( )
101. ( )-穫 102. 逝-( ) 103. 昭-( )
104. ( )-了 105. 殉-( ) 106. ( )-巷
107. ( )-互

※反對語를 漢字로 적으시오.
108. ( )-被害
109. ( )-開會 110. ( )-權利
111. ( )-抵抗 112. ( )-抽象

※反對·相對되는 漢字로 單語를 完成하시오.
113. ( )-劣 114. ( )-濁 115. ( )-捨
116. ( )-悲 117. ( )-愚

※다음 故事成語를 完成하시오.
118. 言則( )也   119. 吟( )弄( )
120. 矯角( )牛   121. 大( )晩( )
122. 傲霜( )節   123. 羊( )狗( )
124. 梁上君( )   125. 近墨( )( )
126. 道聽塗( )   127. 炎涼( )( )

※첫소리가 장음인 것을 고르시오.
128. ( ) : ①點檢 ②點心 ③點數 ④點火
129. ( ) : ①思念 ②思慕 ③思考 ④思惟
130. ( ) : ①復興 ②復歸 ③復學 ④復古
131. ( ) : ①易學 ②易數 ③易行 ④易理
132. ( ) : ①暫定 ②暫時 ③暫間 ④暫別

※音은 같으나 뜻이 다른 漢字語를 쓰시오.
133. 間斷:( ) 까다롭지 않고 단순함
134. 巨富:( ) 승낙하지 않음
135. 警戒:( ) 지역이 갈라지는 한계
136. 苟免:( ) 이전부터 안면이 있는 사람
137. 禁忌:( ) 이번 시기

※다음 漢字語의 뜻을 쓰시오.
138. 發芽:( )
139. 屢次:( )
140. 飢餓:( )
141. 過誤:( )
142. 荒野:( )

※다음 漢字의 部首를 쓰시오.
143. 豚( ) 144. 鼻( ) 145. 鹽( )
146. 能( ) 147. 叛( )

※漢字의 略字를 쓰시오.
148. 擧( ) 當( )
149. 盡( ) 脈( )
150. 賣( ) 讀( )

105점 이상 합격!
/150

第3回 한자능력검정시험 3급

(시험시간 : 60분)

※밑줄 친 漢字語 또는 제시된 漢字語의 讀音을 쓰시오.

1. 시간관계상 서론은 省略한다. (　　)
2. 이번 시험은 難易도가 높았다. (　　)
3. 嫌惡시설 설치는 무조건 반대다. (　　)
4. 모든 성좌의 별을 星宿라 한다. (　　)
5. 신도들은 절에 布施를 한다. (　　)
6. 삼각형의 내각은 모두 銳角이다. (　　)
7. 인생에 있어 佳朋이 셋만 돼도 좋다. (　　)
8. 몸은 혈액 循環이 잘되어야 한다. (　　)
9. 삽살개는 厥尾라 꼬리가 짧다. (　　)
10. 집터나 묏자리가 戌坐로 향하다. (　　)
11. 소비자를 欺罔해서는 안 된다. (　　)
12. 한 번의 실수가 汚點을 남겼다. (　　)
13. 機敏한 행동으로 인명을 구했다. (　　)
14. 음력의 윤달을 閏朔이라 한다. (　　)
15. 해수욕장에서는 迷兒가 많이 발생한다. (　　)
16. 물건대금으로 銀塊를 받았다. (　　)
17. 그의 얼굴은 苦惱에 찬 모습이었다. (　　)
18. 云爲와 언행은 같은 말이다. (　　)
19. 庚辰은 육십간지의 열일곱 번째이다. (　　)
20. 미국, 독일, 스위스는 聯邦국가이다. (　　)
21. 濫發(　　) 22. 庸拙(　　)
23. 落淚(　　) 24. 危懼(　　)
25. 那邊(　　) 26. 携帶(　　)
27. 塗炭(　　) 28. 毁損(　　)
29. 敦篤(　　) 30. 侯爵(　　)
31. 豚舍(　　) 32. 曉鍾(　　)
33. 冒犯(　　) 34. 黃昏(　　)
35. 侮笑(　　) 36. 枯渴(　　)
37. 叛亂(　　) 38. 亨通(　　)
39. 蜂蜜(　　) 40. 怠慢(　　)
41. 封墳(　　) 42. 遍踏(　　)
43. 頻繁(　　) 44. 販促(　　)
45. 詐取(　　)

※다음 漢字의 訓과 音을 쓰시오.

46. 翼(　　) 47. 誘(　　)
48. 陳(　　) 49. 訴(　　)
50. 肖(　　) 51. 旋(　　)
52. 慈(　　) 53. 削(　　)
54. 頂(　　) 55. 隨(　　)
56. 秩(　　) 57. 悟(　　)
58. 奈(　　) 59. 旱(　　)
60. 募(　　) 61. 絹(　　)
62. 斥(　　) 63. 畓(　　)
64. 匹(　　) 65. 嘗(　　)
66. 遣(　　) 67. 厄(　　)
68. 祥(　　) 69. 吟(　　)
70. 涯(　　) 71. 咸(　　)
72. 薦(　　)

※다음 밑줄 친 漢字語를 漢字로 쓰시오.

73. 할머니가 병상에서 일어나셨다.
　　　　　　　　　　(　　)
74. 불어난 물로 계곡의 피서객이 고립되어 있다.
　　　　　　　　　　(　　)
75. 황사현상으로 안과를 찾는 사람들이 많다.
　　　　　　　　　　(　　)
76. 초등학생인 효정이는 연필로 글을 쓴다.
　　　　　　　　　　(　　)
77. 피고측 증인을 소환하다.
　　　　　　　　　　(　　)
78. 학교폭력에 대하여 토의하다.
　　　　　　　　　　(　　)
79. 수학여행 시 기행문을 쓰다.
　　　　　　　　　　(　　)
80. 아버지와 나는 혈연관계이다.
　　　　　　　　　　(　　)
81. 같은 목적으로 조합이 생긴다.
　　　　　　　　　　(　　)
82. 아버지의 사업을 계승하였다.
　　　　　　　　　　(　　)
83. 석유 탐사를 위한 시추선.
　　　　　　　　　　(　　)
84. 과일을 살 때 신선한 것으로 선별하다.
　　　　　　　　　　(　　)

85. 신규 사업을 적극 <u>추진</u>하다. ……………………… (　　　)
86. 소풍갈 때 도시락을 <u>지참</u>하다. ……………………… (　　　)
87. 친구들 간에도 <u>비밀</u>은 있다. ……………………… (　　　)
88. 건강에는 <u>잡곡</u>밥이 좋다. ……………………… (　　　)
89. 현호는 가수의 <u>모창</u>이 뛰어나다. ……………………… (　　　)
90. 도서관에는 많은 <u>서적</u>이 있다. ……………………… (　　　)
91. 통영에는 <u>해저</u> 터널이 있다. ……………………… (　　　)
92. 월드컵 전사들의 당당한 <u>위세</u>. ……………………… (　　　)
93. 게으른 공부에 <u>결국</u> 시험에서 떨어졌다. ……………………… (　　　)
94. 스트레스는 만병의 <u>근원</u>이다. ……………………… (　　　)
95. 당선하기까지는 <u>당원</u>들의 힘이 크다. ……………………… (　　　)
96. 새 내각은 <u>구성</u> 인원이 신선하다. ……………………… (　　　)
97. 우리나라는 많은 나라와 <u>조약</u>을 맺고 있다. ……………………… (　　　)

※같은 뜻의 漢字를 써 單語를 完成하시오.

98. 娛-(　　) 99. (　　)-殃 100. (　　)-固
101. 遙-(　　) 102. (　　)-聘 103. 楊-(　　)
104. 閱-(　　) 105. (　　)-睦 106. 宜-(　　)
107. 蓄-(　　)

※反對語를 漢字로 적으시오.

108. (　　)-架空
109. (　　)-冷却 110. (　　)-却下
111. (　　)-有能 112. (　　)-巨富

※反對・相對되는 漢字로 單語를 完成하시오.

113. (　　)-伸 114. 高-(　　) 115. 需-(　　)
116. (　　)-弔 117. 賞-(　　)

※다음 故事成語를 完成하시오.

118. 日可日(　　) 119. 金枝(　　)(　　)
120. 腰折腹(　　) 121. 乾坤(　　)(　　)
122. 搖之不(　　) 123. 山紫(　　)(　　)
124. 改過遷(　　) 125. 小貪(　　)(　　)
126. 錦上添(　　) 127. 羽化(　　)(　　)

※첫소리가 장음인 것을 고르시오.

128. (　　) : ①射擊 ②射殺 ③沙場 ④射手
129. (　　) : ①附中 ②府域 ③府使 ④府君
130. (　　) : ①長老 ②長短 ③長久 ④長篇
131. (　　) : ①從屬 ②從祖 ③從事 ④從軍
132. (　　) : ①便安 ②便法 ③便紙 ④便利

※音은 같으나 뜻이 다른 漢字語를 쓰시오.

133. 양식 : (　　) 건전한 사고방식
134. 양식 : (　　) 서양의 격식
135. 양식 : (　　) 정해진 공통의 형식이나 방식
136. 양식 : (　　) 살아가는 데 필요한 먹을거리
137. 양식 : (　　) 서양식의 음식

※다음 漢字語의 뜻을 쓰시오.

138. 胸部 : (　　)
139. 隣家 : (　　)
140. 某處 : (　　)
141. 況且 : (　　)
142. 火斗 : (　　)

※다음 漢字의 部首를 쓰시오.

143. 暢(　　) 144. 必(　　) 145. 報(　　)
146. 雁(　　) 147. 鴻(　　)

※漢字의 略字를 쓰시오.

148. 輕(　　) 經(　　)
149. 變(　　) 爭(　　)
150. 來(　　) 斷(　　)

105점 이상 합격! / 150

第4回 한자능력검정시험 3급

(시험시간 : 60분)

※밑줄 친 漢字語 또는 제시된 漢字語의 讀音을 쓰시오.

1. <u>三更</u>은 한밤중에 속한다. ( )
2. 경기도중 사고로 <u>否運</u>의 선수가 되다. ( )
3. <u>周易</u>은 유교경전 삼경의 하나다. ( )
4. <u>雪糖</u>은 삼가는 것이 좋다. ( )
5. 운수가 <u>閉塞</u>되어 불운이 생기다. ( )
6. <u>零時</u>를 기준으로 오늘과 내일이 바뀐다. ( )
7. 통곡하는 그 여인은 <u>可憐</u>해 보였다. ( )
8. 그는 <u>受侮</u>를 받고 억울해 했다. ( )
9. <u>街販</u>대에서 신문을 판다. ( )
10. 자네 <u>聘丈</u>은 잘 지내시는가? ( )
11. 대통령이 <u>閣僚</u>를 임명한다. ( )
12. 다른 나라에는 <u>婢妾</u>이 있었다. ( )
13. 이 논은 <u>乾畓</u>이라서 물이 잘 마른다. ( )
14. 우리 이모는 <u>辛酉</u>년생이다. ( )
15. 그 사건은 대법원에 <u>繫留</u> 중이다. ( )
16. 지나친 칭찬은 <u>自慢</u>에 빠지기 쉽다. ( )
17. 너무 그 말에 <u>掛念</u>치 말라. ( )
18. <u>宰相</u>이면서 궁핍한 생활로 칭송받다. ( )
19. 어떤 과정의 마지막을 <u>究竟</u>이라 한다. ( )
20. 남의 얘기를 <u>竊聽</u>하다가 들켰다. ( )
21. 俱現( ) 22. 早稻( )
23. 厥者( ) 24. 造幣( )
25. 勤愼( ) 26. 屯營( )
27. 謹賀( ) 28. 俊傑( )
29. 募集( ) 30. 姪婦( )
31. 渴症( ) 32. 懲罰( )
33. 吟味( ) 34. 慼慨( )
35. 閏年( ) 36. 把持( )
37. 育苗( ) 38. 春蔬( )
39. 違約( ) 40. 侵掠( )
41. 雁奴( ) 42. 快哉( )
43. 誰某( ) 44. 彈丸( )
45. 仙逝( )

※다음 漢字의 訓과 音을 쓰시오.

46. 貫( ) 47. 幼( )
48. 拳( ) 49. 宇( )
50. 超( ) 51. 潤( )
52. 桑( ) 53. 戲( )
54. 恕( ) 55. 劃( )
56. 僧( ) 57. 換( )
58. 庚( ) 59. 耶( )
60. 塗( ) 61. 凝( )
62. 泣( ) 63. 亥( )
64. 添( ) 65. 卿( )
66. 巷( ) 67. 庶( )
68. 挑( ) 69. 躍( )
70. 廟( ) 71. 奚( )
72. 誓( )

※다음 밑줄 친 漢字語를 漢字로 쓰시오.

73. 결혼식에 <u>축의</u>금을 전달했다. ( )
74. 나는 형님을 많이 <u>의지</u>한다. ( )
75. 삼한사온의 <u>기후</u>가 변하고 있다. ( )
76. 큰일은 <u>중지</u>를 모아 해결해 가야 한다. ( )
77. 올림픽선수단을 <u>환영</u>하다. ( )
78. 나는 장손으로서 <u>대우</u>를 받는다. ( )
79. 그의 그림은 훌륭한 <u>유산</u>으로 남았다. ( )
80. 산천을 <u>유람</u>하는 것이 나의 취미다. ( )
81. 이번 비는 모내기 하기엔 <u>적당</u>한다. ( )
82. 갑작스런 소나기로 처마에 <u>피신</u>하였다. ( )
83. 경찰을 보자 황급히 <u>도망</u>갔다. ( )
84. 양배추는 동물 <u>세포</u> 면역기능을 높여준다. ( )

85. 법원의 판결을 기다리다. ……………………( )
86. 자식이 애를 먹여서 심장이 상했다. ……………………( )
87. 실의에 차 있는 친구를 위로하다. ……………………( )
88. 교장선생님은 성품이 온후하시다. ……………………( )
89. 헌법은 국가의 통치체제에 관한 원칙을 정한 기본법이다. ……………………( )
90. 명작의 영화를 감명 깊게 보았다. ……………………( )
91. 누명으로 분노에 찬 마음을 다스리다. ……………………( )
92. 모든 이에게 원한을 사는 일은 없어야 한다. ……………………( )
93. 상대방이 신뢰할 수 있도록 각서를 쓰다. ……………………( )
94. 저축하는 통장이 많을수록 좋겠다. ……………………( )
95. 갑작스런 폭음으로 심히 놀라다. ……………………( )
96. 겨울에는 연료비가 많이 든다. ……………………( )
97. 현충일에는 선열에 대한 묵념을 한다. ……………………( )

※같은 뜻의 漢字를 써 單語를 完成하시오.

98. 恒-( ) 99. ( )-惠 100. 倉-( )
101. 考-( ) 102. ( )-速 103. 進-( )
104. 徒-( ) 105. ( )-濯 106. 盜-( )
107. 副-( )

※反對語를 漢字로 적으시오.

108. ( )-物質
109. ( )-切斷   110. ( )-保守
111. ( )-直接   112. ( )-未備

※反對·相對되는 漢字로 單語를 完成하시오.

113. 動-( ) 114. ( )-鈍 115. 明-( )
116. 騰-( ) 117. ( )-幼

※다음 故事成語를 完成하시오.

118. ( )忍( )拔   119. 尾生之( )
120. 孟( )( )遷   121. 悠悠自( )
122. 冠( )喪( )   123. 牽强附( )
124. 隔( )之( )   125. 過恭非( )
126. 幾( )死( )   127. 伯仲之( )

※첫소리가 장음인 것을 고르시오.

128. ( ) : ①簡紙 ②簡素 ③簡略 ④簡單
129. ( ) : ①無機 ②無期 ③武器 ④無色
130. ( ) : ①光線 ②脫線 ③無線 ④視線
131. ( ) : ①逢辱 ②奉仕 ③逢別 ④蜂蜜
132. ( ) : ①固城 ②固守 ③固執 ④固辭

※音은 같으나 뜻이 다른 漢字語를 쓰시오.

133. 惟獨 : ( ) 독기가 있음
134. 酌定 : ( ) 마음으로 결정함
135. 曉星 : ( ) 마음을 다하여 어버이를 섬김
136. 鳥獸 : ( ) 사람의 일을 도와주는 사람
137. 〃 : ( ) 바닷물

※다음 漢字語의 뜻을 쓰시오.

138. 野鶴 : ( )
139. 凍結 : ( )
140. 盤石 : ( )
141. 耶蘇 : ( )
142. 揮毫 : ( )

※다음 漢字의 部首를 쓰시오.

143. 夜( ) 144. 谷( ) 145. 甚( )
146. 壽( ) 147. 或( )

※漢字의 略字를 쓰시오.

148. 將( ) 獎( )
149. 燈( ) 據( )
150. 寫( ) 與( )

105점 이상 합격!
150

3급 중간점검용

①	②	③	④
却( )	飢( )	罔( )	聘( )
姦( )	旣( )	茫( )	巳( )
渴( )	棄( )	埋( )	似( )
皆( )	幾( )	冥( )	捨( )
慨( )	欺( )	冒( )	詐( )
乞( )	那( )	侮( )	斯( )
牽( )	乃( )	某( )	賜( )
肩( )	奈( )	募( )	朔( )
遣( )	惱( )	暮( )	祥( )
絹( )	畓( )	卯( )	嘗( )
庚( )	塗( )	苗( )	逝( )
竟( )	挑( )	廟( )	誓( )
卿( )	跳( )	戊( )	庶( )
繫( )	稻( )	霧( )	敍( )
癸( )	篤( )	眉( )	暑( )
枯( )	豚( )	迷( )	昔( )
顧( )	敦( )	敏( )	析( )
坤( )	屯( )	憫( )	攝( )
郭( )	鈍( )	蜜( )	涉( )
掛( )	騰( )	泊( )	召( )
塊( )	濫( )	伴( )	昭( )
愧( )	掠( )	返( )	蔬( )
郊( )	諒( )	叛( )	騷( )
矯( )	憐( )	邦( )	粟( )
苟( )	劣( )	倣( )	誦( )
狗( )	廉( )	傍( )	搜( )
俱( )	獵( )	杯( )	囚( )
懼( )	零( )	煩( )	須( )
驅( )	隷( )	飜( )	遂( )
厥( )	鹿( )	辨( )	睡( )
軌( )	僚( )	屛( )	誰( )
龜( )	了( )	竝( )	雖( )
糾( )	淚( )	卜( )	孰( )
叫( )	屢( )	蜂( )	殉( )
斤( )	梨( )	赴( )	屑( )
僅( )	隣( )	墳( )	循( )
謹( )	慢( )	朋( )	戌( )
肯( )	漫( )	崩( )	矢( )
忌( )	忙( )	賓( )	辛( )
豈( )	忘( )	頻( )	伸( )

3급 중간점검용

⑤	⑥	⑦	⑧
晨（　　）	尤（　　）	姪（　　）	遍（　　）
尋（　　）	云（　　）	懲（　　）	蔽（　　）
餓（　　）	違（　　）	且（　　）	幣（　　）
岳（　　）	緯（　　）	捉（　　）	抱（　　）
雁（　　）	酉（　　）	慘（　　）	飽（　　）
謁（　　）	唯（　　）	憩（　　）	幅（　　）
押（　　）	惟（　　）	暢（　　）	漂（　　）
殃（　　）	愈（　　）	斥（　　）	匹（　　）
涯（　　）	閏（　　）	薦（　　）	旱（　　）
厄（　　）	吟（　　）	尖（　　）	咸（　　）
也（　　）	泣（　　）	添（　　）	巷（　　）
耶（　　）	凝（　　）	妾（　　）	亥（　　）
躍（　　）	矣（　　）	晴（　　）	奚（　　）
楊（　　）	宜（　　）	逮（　　）	該（　　）
於（　　）	夷（　　）	遞（　　）	享（　　）
焉（　　）	而（　　）	替（　　）	軒（　　）
予（　　）	姻（　　）	秒（　　）	絃（　　）
汝（　　）	寅（　　）	抄（　　）	縣（　　）
余（　　）	茲（　　）	燭（　　）	嫌（　　）
輿（　　）	恣（　　）	聰（　　）	亨（　　）
閱（　　）	酌（　　）	抽（　　）	螢（　　）
泳（　　）	爵（　　）	醜（　　）	兮（　　）
詠（　　）	墻（　　）	丑（　　）	互（　　）
銳（　　）	宰（　　）	逐（　　）	乎（　　）
汚（　　）	哉（　　）	臭（　　）	毫（　　）
吾（　　）	滴（　　）	枕（　　）	昏（　　）
娛（　　）	竊（　　）	妥（　　）	弘（　　）
嗚（　　）	蝶（　　）	墮（　　）	鴻（　　）
傲（　　）	訂（　　）	托（　　）	禾（　　）
擁（　　）	堤（　　）	濁（　　）	擴（　　）
翁（　　）	燥（　　）	濯（　　）	穫（　　）
臥（　　）	弔（　　）	誕（　　）	丸（　　）
曰（　　）	拙（　　）	貪（　　）	曉（　　）
畏（　　）	佐（　　）	怠（　　）	侯（　　）
搖（　　）	舟（　　）	把（　　）	毁（　　）
遙（　　）	俊（　　）	頗（　　）	輝（　　）
腰（　　）	遵（　　）	罷（　　）	携（　　）
庸（　　）	贈（　　）	播（　　）	
又（　　）	只（　　）	販（　　）	
于（　　）	遲（　　）	貝（　　）	정답 p65

- 14 -

第5回 한자능력검정시험 3급

(시험시간 : 60분)

※밑줄 친 漢字語 또는 제시된 漢字語의 讀音을 쓰시오.

1. 단결하여 경제적 復興을 이루다. (　　)
2. 樂土를 찾아 산천을 헤매다. (　　)
3. 감기에 걸리면 惡寒이 든다. (　　)
4. 문의전화가 殺到하고 있다. (　　)
5. 한로와 입동사이에 있는 절기는 霜降 (　　)
6. 자기가 속한 단체를 余輩라 한다. (　　)
7. 우리 형님은 混泳에서 일등을 했다. (　　)
8. 학교끼리 수업을 連繫해서 한다. (　　)
9. 은장도 下賜는 절개를 지키라는 뜻이다.(　　)
10. 슬픈 여인을 보고 哀憐한 감정이 들다. (　　)
11. 옛날에는 鬪狗를 하여 내기를 하였다.(　　)
12. 나라를 위해 싸우다 殉國하였다. (　　)
13. 그 아이의 눈망울은 聰氣있어 보인다. (　　)
14. 이른 아침 晨鍾을 듣고 교회를 가다. (　　)
15. 아버지는 성품이 寬待하시다. (　　)
16. 한 점의 疑惑도 없이 수사하다. (　　)
17. 별세했다는 소식을 듣고 弔喪하다. (　　)
18. 여행할 때 宿泊은 민박을 이용한다. (　　)
19. 할머니댁 隣村엔 삼촌댁이 있다. (　　)
20. 욕설 같은 受侮는 견디기 어렵다. (　　)
21. 姻姪(　　)
22. 攝政(　　)
23. 種苗(　　)
24. 非違(　　)
25. 斥和(　　)
26. 頻煩(　　)
27. 抽出(　　)
28. 負役(　　)
29. 罷場(　　)
30. 嘗試(　　)
31. 巷說(　　)
32. 墳墓(　　)
33. 鴻毛(　　)
34. 卜債(　　)
35. 庸劣(　　)
36. 放漫(　　)
37. 搖動(　　)
38. 某處(　　)
39. 英俊(　　)
40. 敦厚(　　)
41. 隸書(　　)
42. 枯木(　　)
43. 雲霧(　　)
44. 高跳(　　)
45. 栽培(　　)

※다음 漢字의 訓과 音을 쓰시오.

46. 脚(　　)
47. 扶(　　)
48. 桂(　　)
49. 飯(　　)
50. 琴(　　)
51. 浪(　　)
52. 娘(　　)
53. 峯(　　)
54. 冠(　　)
55. 夢(　　)
56. 劍(　　)
57. 陵(　　)
58. 稻(　　)
59. 遞(　　)
60. 敍(　　)
61. 享(　　)
62. 楊(　　)
63. 豚(　　)
64. 宜(　　)
65. 迷(　　)
66. 逮(　　)
67. 昔(　　)
68. 篤(　　)
69. 焉(　　)
70. 眉(　　)
71. 而(　　)
72. 夷(　　)

※같은 뜻의 漢字를 써 單語를 完成하시오.

73. (　　)-勵
74. (　　)-量
75. 財-(　　)
76. (　　)-査
77. (　　)-在
78. 附-(　　)
79. (　　)-末
80. (　　)-帥
81. 至-(　　)
82. (　　)-約

※反對·相對되는 漢字로 單語를 完成하시오.

83. (　　)-吸
84. 脫-(　　)
85. (　　)-僞
86. (　　)-凶
87. 恩-(　　)

※다음 故事成語를 完成하시오.

88. 手不釋(　　)
89. (　　)猶(　　)及
90. 面從腹(　　)
91. (　　)危(　　)命
92. 錦衣還(　　)
93. (　　)口(　　)後
94. 人面獸(　　)
95. 愚(　　)(　　)山
96. 曲學阿(　　)
97. 同(　　)(　　)裳

※다음 글에서 밑줄 친 單語중 한글표기는 漢字로, 漢字표기는 한글로 고쳐 쓰시오.

경제(98)단체가 신입 직원(99)을 채용할 때 한자 시험을 보기로 결정(100)했다.
대한상공회의소·무역(101) 협회(102)·경영자협의회·중소 기업(103) 협동조합 등에서 이렇게 의견을 모았다. 지난해는 불법 정치 자금(104)이나 대통령(105) 側近(106) 비리니 하는 문제(107)로 정치와 경제 국민들 모두 고통(108) 스러웠는데, 그 와중에 경제계 지도층(109)들이 이런 결정을 내렸다는 것이 그나마 신선(110)하고 반가웠다. 양식(111) 있는 사람들이 우리나라 교육 제도(112)가 조령모개식이고, 교육 자체(113)도 지덕체의 전인교육을 지향하는 것이 아니라 오로지 상급학교 진학을 위한 시험 기계 양산에 주력 해 온 사실을 憂慮(114)하고 개탄해 온 것이 작금의 일이 아니다.
경제단체에서는 정부의 교육정책을 통해 한자교육을 강화(115)하는 것보다 기업 입사과정에 이를 포함시키는 것이 효과(116)가 높다고 판단(117) 했다고 한다. 사실 정부의 오락가락하는 교육(118)정책 때문에 한자교육은 계속(119) 뒷전으로 밀려나 이제는 제 부모의 이름을 한자로 쓰지 못하는 형편(120)이니 幼稚園(121)이나 초등학교에 보내기에 앞서 천자문이나 명심보감부터 가르쳐야 한다는 주장(122)도 나온다.
<신문사설에서>

98.	경제 ( )	99.	직원 ( )
100.	결정 ( )	101.	무역 ( )
102.	협회 ( )	103.	企業 ( )
104.	자금 ( )	105.	대통령 ( )
106.	側近 ( )	107.	문제 ( )
108.	고통 ( )	109.	지도층 ( )
110.	신선 ( )	111.	양식 ( )
112.	제도 ( )	113.	자체 ( )
114.	憂慮 ( )	115.	강화 ( )
116.	효과 ( )	117.	판단 ( )
118.	교육 ( )	119.	계속 ( )
120.	형편 ( )	121.	幼稚園 ( )
122.	주장 ( )		

※反對語를 漢字로 적으시오.

123. ( )-專用
124. ( )-客觀
125. ( )-傍系
126. ( )-左遷
127. ( )-偶然

※첫소리가 장음인 것을 고르시오.

128. ( ) : ①西行 ②徐行 ③西向 ④徐氏
129. ( ) : ①喪配 ②喪家 ③喪中 ④喪失
130. ( ) : ①商材 ②霜災 ③上裁 ④相才
131. ( ) : ①許諾 ②恒久 ③賢淑 ④港口
132. ( ) : ①梅實 ②梅花 ③盲信 ④萬能

※音은 같으나 뜻이 다른 漢字語를 쓰시오.

133. 九條 : ( ) 도와서 구원함
134. 〃 : ( ) 기계의 구조. 사회의 구조
135. 祈願 : ( ) 햇수를 세는 기준이 되는 해
136. 〃 : ( ) 사물의 생긴 근원
137. 極端 : ( ) 연극의 상연을 목적으로 결성된 단체

※다음 漢字語의 뜻을 쓰시오.

138. 只今 : ( )
139. 僅少 : ( )
140. 輪郭 : ( )
141. 逐出 : ( )
142. 震怒 : ( )

※다음 漢字의 部首를 쓰시오.

143. 委 ( ) 144. 冊 ( ) 145. 禽 ( )
146. 風 ( ) 147. 奪 ( )

※漢字의 略字를 쓰시오.

148. 單 ( ) 戰 ( )
149. 圍 ( ) 應 ( )
150. 覽 ( ) 堅 ( )

105점 이상 합격!
150

第6回 한자능력검정시험 3급

(시험시간 : 60분)

※밑줄 친 漢字語 또는 제시된 漢字語의 讀音을 쓰시오.

1. 현실을 직시할 洞察력이 필요하다. (   )
2. 싸움에서 敗北도 인정해야 한다. (   )
3. 정치적·사회적으로 낡은 제도를 更張하다. (   )
4. 내 또래지만 그 아이는 叔行이다. (   )
5. 오늘은 아버지 生辰 (   )
6. 아는 만큼 敍述도 잘해야 한다. (   )
7. 그에 대한 憐憫으로 괴로워하다. (   )
8. 너의 말에 首肯이 안 된다. (   )
9. 기독교에는 姦淫을 금하는 율법이 있다. (   )
10. 휴대품까지 搜索하여 범인을 잡다. (   )
11. 그는 요즈음 症勢가 악화되었다. (   )
12. 옛날에는 殉葬하는 풍습이 있었다. (   )
13. 皆勤한 것은 무엇보다 성실의 표현이다. (   )
14. 시조 暗誦 대회가 열린다. (   )
15. 예전에 임금이 신하를 가리켜 卿輩라 했다. (   )
16. 체납이 되면 재산을 押留한다. (   )
17. 사회시간에 掛圖를 보며 공부를 한다. (   )
18. 愛妾을 두고 국정을 소홀히 하다. (   )
19. 신부 될 사람은 愧色이 확연했다. (   )
20. 인명 살상과 재물 掠奪이 자행되다. (   )
21. 軌跡 (   )
22. 輿論 (   )
23. 叫聲 (   )
24. 僞幣 (   )
25. 近郊 (   )
26. 類似 (   )
27. 棄却 (   )
28. 堤防 (   )
29. 廟堂 (   )
30. 祭享 (   )
31. 傍系 (   )
32. 諸侯 (   )
33. 拜謁 (   )
34. 竊盜 (   )
35. 飜譯 (   )
36. 俊嚴 (   )
37. 屛風 (   )
38. 飽滿 (   )
39. 浮漂 (   )
40. 抱負 (   )
41. 赴任 (   )
42. 縣監 (   )
43. 崩壞 (   )
44. 該博 (   )
45. 祥雲 (   )

※다음 漢字의 訓과 音을 쓰시오.

46. 補 (   )
47. 軟 (   )
48. 符 (   )
49. 燕 (   )
50. 卑 (   )
51. 維 (   )
52. 靈 (   )
53. 鎖 (   )
54. 戀 (   )
55. 忍 (   )
56. 詳 (   )
57. 貞 (   )
58. 替 (   )
59. 坤 (   )
60. 軒 (   )
61. 屯 (   )
62. 顧 (   )
63. 攝 (   )
64. 敦 (   )
65. 寅 (   )
66. 敏 (   )
67. 抄 (   )
68. 析 (   )
69. 郭 (   )
70. 予 (   )
71. 蜜 (   )
72. 秒 (   )

※다음 밑줄 친 漢字語를 漢字로 쓰시오.

73. 신분이 보장되는 사회. (   )
74. 인구밀도는 면적 1㎢당 인구로 표시한다. (   )
75. 나는 도보로 학교에 간다. (   )
76. 삼일절을 맞이하여 유관순 열사가 생각난다. (   )
77. 시나리오가 좋은 작품은 종영 때까지 관객이 몰린다. (   )
78. 동북아시대를 맞아 한자열풍이 부는 경향이다. (   )
79. 올 가을에는 토익시험에 응시 해 보자. (   )
80. 이웃의 불우한 사람을 돕자. (   )
81. 장사 수단이 보통이 아니다. (   )
82. 공부하는 것도 시기가 있다. (   )
83. 전세를 반전시킨 태극전사들! (   )
84. 양로원에 위문 공연한 가수들. (   )

85. 요즘 아기들은 분유를 먹는다. ············ (   )
86. 초파일이 되면 연등 행사가 열린다. ············ (   )
87. 교육지표를 제시한 국민교육 헌장. ············ (   )
88. 이번 시험의 평균 점수는 95점. ············ (   )
89. 삼촌은 재단법인의 대표이사이다. ············ (   )
90. 호진이의 생일잔치에 초청 받았다. ············ (   )
91. 아버지는 부산 시청에 근무하신다. ············ (   )
92. 바르게 자라도록 환경이 중요하다. ············ (   )
93. 각국 정상회의에 참석하신 대통령. ············ (   )
94. 軍은 유사시 항상 전투 준비가 되어 있다. ············ (   )
95. 한문학원 선생님은 유명한 강사이시다. ············ (   )
96. 선친의 유업을 이어받아 기업을 하다. ············ (   )
97. 한자자격증 소지자는 입사 시에 우대한다. ············ (   )

※같은 뜻의 漢字를 써 單語를 完成하시오.

98. 添-(   ) 99. (   )-齊 100. (   )-姻
101. 朱-(   ) 102. (   )-和 103. (   )-帥
104. 皇-(   ) 105. (   )-意 106. (   )-慨
107. 販-(   )

※反對語를 漢字로 적으시오.

108. (   )-旣決
109. (   )-及第 110. (   )-漠然
111. (   )-拙作 112. (   )-相對

※反對·相對되는 漢字로 單語를 完成하시오.

113. (   )-薄 114. 虛-(   ) 115. 禍-(   )
116. (   )-辱 117. 寒-(   )

※다음 故事成語를 完成하시오.

118. (   )(   )肉尾   119. 莫(   )可奈
120. (   )(   )緯地   121. 刻(   )難忘
122. (   )(   )湯池   123. 支(   )滅裂
124. (   )之又(   )   125. 喪(   )之狗
126. (   )柳墻(   )   127. 布(   )之交

※첫소리가 장음인 것을 고르시오.

①街道 ②強化 ③降雪 ④肝腸 ⑤間接 ⑥間或
⑦個人 ⑧改漆 ⑨降等 ⑩蓋草 ⑪景氣 ⑫景致

128. (   ) 129. (   ) 130. (   )
131. (   ) 132. (   )

※音은 같으나 뜻이 다른 漢字語를 쓰시오.

133. 연기 : (   ) 재주를 나타내 보임
134. 연기 : (   ) 탈 때 생기는 빛깔이 있는 기체
135. 연기 : (   ) 이어서 적음
136. 연기 : (   ) 정해 놓은 기한을 물림
137. 연기 : (   ) 자세히 적은 연보

※다음 漢字語의 뜻을 쓰시오.

138. 宜當 : (   )
139. 麥芽 : (   )
140. 吾等 : (   )
141. 習慣 : (   )
142. 削髮 : (   )

※다음 漢字의 部首를 쓰시오.

143. 民(   ) 144. 衆(   ) 145. 就(   )
146. 弘(   ) 147. 黨(   )

※漢字의 略字를 쓰시오.

148. 繼(   ) 數(   )
149. 肅(   ) 員(   )
150. 權(   ) 勸(   )

105점 이상 합격!
150

第7回 한자능력검정시험 3급

(시험시간 : 60분)

※밑줄 친 漢字語 또는 제시된 漢字語의 讀音을 쓰시오.

1. 학교에서 받은 <u>賞狀</u>이 즐비하다. (　　)
2. <u>投降</u>의 표시로 머리에 손을 얹다. (　　)
3. 통행금지 <u>標識</u>를 무시하고 달리다. (　　)
4. 한 구절에 따라 풍치가 <u>減殺</u>되다. (　　)
5. 고대 이집트인들은 영혼의 <u>復活</u>을 믿었다. (　　)
6. 팔이 안으로 굽는 것은 <u>普遍</u>적이다. (　　)
7. 올해 농사는 <u>稻熱</u>병으로 흉작이 되었다. (　　)
8. 끓어오르는 <u>憤怒</u>를 참기 어렵다. (　　)
9. 산속에서 <u>冥想</u>에 잠기다. (　　)
10. 선왕이 <u>崩御</u>하자 군신기강이 어지러워졌다. (　　)
11. 바닷가의 <u>暮景</u>은 아름답기 그지없다. (　　)
12. 산간마을에 <u>猛獸</u>들의 발자국이 보였다. (　　)
13. 은행 현금 <u>奪取</u>가 있어 조사 중이다. (　　)
14. 보름달에 절에 가서 <u>朔望</u>을 지냈다. (　　)
15. 바둑판은 <u>縱橫</u>으로 각각 19줄이다. (　　)
16. 방학동안 전문서적을 <u>涉獵</u>할 예정이다. (　　)
17. 동학을 <u>叛逆</u>의 무리로 규정하였다. (　　)
18. <u>餘輝</u>로 희미하게 산길을 걸을 수 있었다. (　　)
19. 그는 <u>銳感</u>으로 잠들기 어렵다. (　　)
20. 마을마다 장에는 <u>蔬店</u>이 있다. (　　)
21. 眉間 (　　)
22. 騷亂 (　　)
23. 罔極 (　　)
24. 襲爵 (　　)
25. 漫畫 (　　)
26. 墨香 (　　)
27. 鈍濁 (　　)
28. 睡眠 (　　)
29. 債務 (　　)
30. 隨伴 (　　)
31. 斷乎 (　　)
32. 叔姪 (　　)
33. 貫徹 (　　)
34. 超越 (　　)
35. 濫獲 (　　)
36. 押韻 (　　)
37. 孤蝶 (　　)
38. 廉價 (　　)
39. 檢閱 (　　)
40. 嗚泣 (　　)
41. 棄權 (　　)
42. 汚染 (　　)
43. 混宿 (　　)
44. 演奏 (　　)
45. 辨證 (　　)

※다음 漢字의 訓과 音을 쓰시오.

46. 綱 (　　)
47. 奮 (　　)
48. 隔 (　　)
49. 賴 (　　)
50. 兼 (　　)
51. 綿 (　　)
52. 誇 (　　)
53. 雷 (　　)
54. 供 (　　)
55. 丙 (　　)
56. 騎 (　　)
57. 司 (　　)
58. 茲 (　　)
59. 嫌 (　　)
60. 燭 (　　)
61. 亨 (　　)
62. 掛 (　　)
63. 塊 (　　)
64. 騰 (　　)
65. 酌 (　　)
66. 泊 (　　)
67. 抽 (　　)
68. 輿 (　　)
69. 螢 (　　)
70. 恣 (　　)
71. 兮 (　　)
72. 聰 (　　)

※다음 밑줄 친 漢字語를 漢字로 쓰시오.

73. 소비자 보호 센터를 <u>설치</u>하다. (　　)
74. 자동차도로에서는 <u>제한</u>속도가 있다. (　　)
75. 작업연장 <u>근로</u> 수당을 받다. (　　)
76. 한자공부는 기초부터 <u>단계</u>를 거치자. (　　)
77. 우리집 가훈은 <u>성실</u>! (　　)
78. 학교에서 <u>모발</u>검사를 받다. (　　)
79. 아침운동은 <u>건강</u>에 최고. (　　)
80. 아버지는 <u>변호사</u>이다. (　　)
81. 한문선생님이 우리 <u>담임</u>이시다. (　　)
82. 장부에 판매 <u>금액</u>을 적다. (　　)
83. 수입에 비해 지출이 많아 <u>적자</u>가 발생했다. (　　)
84. 울릉도에는 <u>어민</u>들이 많이 살고 있다. (　　)

85. 불경기로 인하여 사업 현상 유지가 어렵다. ……………………… ( )
86. "자꾸 공부 하고픈 책"은 창조적이다. ……………………… ( )
87. 사람들마다 성격의 차이가 있다. ……………………… ( )
88. 고구려인들은 진취적이었다. ……………………… ( )
89. 좋은 성적을 거두도록 건투를 빕니다. ……………………… ( )
90. 6월 6일은 현충일 이다. ……………………… ( )
91. 개업축하로 화환을 보냈다. ……………………… ( )
92. 낡은 제도를 개혁하다. ……………………… ( )
93. 젊은이들은 점점 권주 문화가 사라지고 있다. ……………………… ( )
94. 달리기로 가벼운 준비운동을 하자. ……………………… ( )
95. 시민들의 과격한 시위는 삼가자. ……………………… ( )
96. 할머니의 간병에 고생하시는 어머니. ……………………… ( )
97. 시내에서 음주 단속을 한다. ……………………… ( )

※같은 뜻의 漢字를 써 單語를 完成하시오.

98. ( )-暎 99. 牽-( ) 100. ( )-析
101. ( )-匹 102. 敏-( ) 103. 攝-( )
104. ( )-倣 105. 墮-( ) 106. 批-( )
107. ( )-作

※反對語를 漢字로 적으시오.

108. ( )-自立
109. ( )-單純 110. ( )-破婚
111. ( )-利益 112. ( )-內包

※反對·相對되는 漢字로 單語를 完成하시오.

113. 疏-( ) 114. ( )-迎 115. 煩-( )
116. 腹-( ) 117. ( )-弟

※다음 故事成語를 完成하시오.

118. ( )慨無( ) 119. 飽食暖( )
120. ( )楊芳( ) 121. 一蓮托( )
122. ( )也靑( ) 123. 遠禍召( )
124. ( )枯( )衰 125. 哀乞( )乞
126. ( )株( )兔 127. 脣亡( )寒

※첫소리가 장음인 것을 고르시오.

①故障 ②故鄕 ③考案 ④考察 ⑤景物 ⑥怪變
⑦考査 ⑧短縮 ⑨考試 ⑩大丘 ⑪課稅 ⑫大田

128. ( ) 129. ( ) 130. ( )
131. ( ) 132. ( )

※音은 같으나 뜻이 다른 漢字語를 쓰시오.

133. 沈船 : ( ) 바느질(바늘과 실)
134. 聰氣 : ( ) 권총·무기를 통틀어 이르는 말
135. 靑山 : ( ) 셈하여 깨끗이 계산함
136. 塗裝 : ( ) 무예를 수련하는 곳
137. 未遂 : ( ) 아직 다 거두지 못함

※다음 漢字語의 뜻을 쓰시오.

138. 族譜 : ( )
139. 添附 : ( )
140. 尤甚 : ( )
141. 祕訣 : ( )
142. 幾何 : ( )

※다음 漢字의 部首를 쓰시오.

143. 革( ) 144. 舞( ) 145. 甲( )
146. 年( ) 147. 豫( )

※漢字의 略字를 쓰시오.

148. 樂( ) 藥( )
149. 同( ) 惡( )
150. 區( ) 圖( )

105점 이상 합격!
150

第8回 한자능력검정시험 3급

(시험시간 : 60분)

※밑줄 친 漢字語 또는 제시된 漢字語의 讀音을 쓰시오.

1. 한자를 찾기 위해 索引을 이용한다. (　　　)
2. 적국의 要塞를 점령하다. (　　　)
3. 간첩들이 국론 분열을 畫策하다. (　　　)
4. 見齒의 모습은 보기에 좋다. (　　　)
5. 경기회복으로 貿易이 왕성해야 한다. (　　　)
6. 국정에는 성실한 補佐가 필요하다. (　　　)
7. 독립운동 자금의 喜捨를 승낙했다 (　　　)
8. 꽃피는 봄이 오면 蜂蝶이 춤을 춘다. (　　　)
9. 輝點은 형광물질의 종류에 따라 다르다. (　　　)
10. 뒤에서 욕하는 것은 卑劣한 행위다. (　　　)
11. 인파로 넘어져서 毁傷을 입었다. (　　　)
12. 하굣길에서 교통사고 頻度가 높다. (　　　)
13. 고마움에 厚謝를 하다. (　　　)
14. 고위층을 詐稱한 사기사건이 있었다. (　　　)
15. 산신이 노하면 橫厄을 당한다고 한다. (　　　)
16. 生涯를 걸쳐 업적을 쌓다. (　　　)
17. 단체에서 應召할땐 즉각 임한다. (　　　)
18. 사건 경위를 昭詳하게 설명하다. (　　　)
19. 나는 형을 많이 依支한다. (　　　)
20. 소방관이던 아버지께서 殉職하다. (　　　)
21. 隣近(　　　)　22. 辛亥(　　　)
23. 姻戚(　　　)　24. 惡臭(　　　)
25. 爵位(　　　)　26. 養豚(　　　)
27. 傳播(　　　)　28. 餘滴(　　　)
29. 拙筆(　　　)　30. 沿岸(　　　)
31. 返還(　　　)　32. 連逮(　　　)
33. 埋葬(　　　)　34. 傲慢(　　　)
35. 忘却(　　　)　36. 慘敗(　　　)
37. 屢次(　　　)　38. 暢達(　　　)
39. 濫觴(　　　)　40. 逐鹿(　　　)
41. 寄贈(　　　)　42. 罷業(　　　)
43. 軌道(　　　)　44. 偏頗(　　　)
45. 苟免(　　　)

※다음 漢字의 訓과 音을 쓰시오.

46. 克(　　　)　47. 微(　　　)
48. 鼓(　　　)　49. 腐(　　　)
50. 幹(　　　)　51. 簿(　　　)
52. 寡(　　　)　53. 默(　　　)
54. 緊(　　　)　55. 履(　　　)
56. 陶(　　　)　57. 絡(　　　)
58. 愧(　　　)　59. 墻(　　　)
60. 掠(　　　)　61. 丑(　　　)
62. 蔬(　　　)　63. 互(　　　)
64. 郊(　　　)　65. 矯(　　　)
66. 諒(　　　)　67. 憐(　　　)
68. 叛(　　　)　69. 邦(　　　)
70. 騷(　　　)　71. 粟(　　　)
72. 詠(　　　)

※다음 밑줄 친 漢字語를 漢字로 쓰시오.

73. 흰 물결을 가르는 여객을 실은 유람선. (　　　)
74. 한자 급수시험을 대비하여 공부하고 있다. (　　　)
75. 어려운 일은 중론를 모아서 처리하자. (　　　)
76. 북한에 식량을 원조하다. (　　　)
77. 공직자들은 공사를 구분할 줄 알아야 한다. (　　　)
78. 가을은 독서의 계절. (　　　)
79. 시합에서 감투상을 받았다. (　　　)
80. 할아버지는 위엄이 있으시다. (　　　)
81. 사내 금연은 권고 사항이다. (　　　)
82. 태극전사의 선전에 환호하는 관중. (　　　)
83. 회사의 과다한 잔무로 야근하다. (　　　)
84. 친구는 삶은 계란을 좋아한다. (　　　)

85. 중국에서는 모조품이 성행한다. ……( )
86. 한가위에는 귀성열차가 붐빈다. ……( )
87. 선생님의 훈계를 들었다. ……( )
88. 친구들과 극장에서 영화를 보았다. ……( )
89. 만기된 예금 증서를 찾다. ……( )
90. 아이들은 우유를 많이 먹는다. ……( )
91. 독립기념관의 웅장한 모습. ……( )
92. 겨울철에는 화재 예방을 해야죠. ……( )
93. 사업이 현상유지가 어렵다. ……( )
94. 저 푸른 광야를 달리고 싶다. ……( )
95. 내일은 혹시 비가 오지 않을까? ……( )
96. 청소년탈선이 가장 심각한 문제다. ……( )
97. 문장의 핵심은 결론에 있다. ……( )

※같은 뜻의 漢字를 써 單語를 完成하시오.

98. 竊-( )　99. 該-( )　100. ( )-隔
101. 鋼-( )　102. 俊-( )　103. 珍-( )
104. 賦-( )　105. 認-( )　106. 姿-( )
107. 純-( )

※反對語를 漢字로 적으시오.

108. ( )-加入
109. ( )-差別　110. ( )-同議
111. ( )-拒絶　112. ( )-結婚

※反對·相對되는 漢字로 單語를 完成하시오.

113. 開-( )　114. 功-( )　115. ( )-醜
116. 京-( )　117. 文-( )

※다음 故事成語를 完成하시오.

118. 罔( )之( )　119. 百( )煩惱
120. 門( )乞( )　121. 四( )五裂
122. 朋( )有( )　123. 乘( )長驅
124. 四顧( )( )　125. 貪( )汚吏
126. 晩( )佳( )　127. 桑( )碧海

※첫소리가 장음인 것을 고르시오.

128. ( ) : ①包含 ②包紙 ③包裝 ④包容
129. ( ) : ①孫女 ②後孫 ③孫婦 ④孫子
130. ( ) : ①殺傷 ②殺伐 ③殺到 ④殺氣
131. ( ) : ①喪妻 ②喪主 ③喪服 ④喪家
132. ( ) : ①暴露 ②暴行 ③暴徒 ④暴惡

※音은 같으나 뜻이 다른 漢字語를 쓰시오.

133. 鑑賞 : ( ) 마음에 느끼어 일어나는 생각
134. 〃 : ( ) 감동하여 칭찬함
135. 傾注 : ( ) 빠르기를 겨루는 운동
136. 〃 : ( ) 신라의 수도
137. 漸騰 : ( ) 불을 붙임

※다음 漢字語의 뜻을 쓰시오.

138. 塗料 : ( )
139. 必須 : ( )
140. 泣訴 : ( )
141. 凝血 : ( )
142. 汝等 : ( )

※다음 漢字의 部首를 쓰시오.

143. 業( )　144. 條( )　145. 黃( )
146. 亞( )　147. 夢( )

※漢字의 略字를 쓰시오.

148. 檢( ) 儉( )
149. 邊( ) 關( )
150. 亂( ) 辭( )

105점 이상 합격!
/150

3급 II 중간점검용

①	②	③	④	⑤
佳( )	較( )	浪( )	慕( )	婢( )
架( )	巧( )	郎( )	謀( )	卑( )
閣( )	拘( )	涼( )	貌( )	肥( )
脚( )	久( )	梁( )	睦( )	妃( )
肝( )	丘( )	勵( )	沒( )	邪( )
懇( )	菊( )	曆( )	夢( )	詞( )
刊( )	弓( )	戀( )	蒙( )	司( )
幹( )	拳( )	鍊( )	貿( )	沙( )
鑑( )	鬼( )	聯( )	茂( )	祀( )
剛( )	菌( )	蓮( )	默( )	蛇( )
綱( )	克( )	裂( )	墨( )	斜( )
鋼( )	琴( )	嶺( )	紋( )	削( )
介( )	錦( )	靈( )	勿( )	森( )
概( )	禽( )	爐( )	微( )	像( )
蓋( )	及( )	露( )	尾( )	詳( )
距( )	畿( )	祿( )	薄( )	裳( )
乾( )	企( )	弄( )	迫( )	霜( )
劍( )	祈( )	賴( )	般( )	尙( )
隔( )	其( )	雷( )	盤( )	喪( )
訣( )	騎( )	樓( )	飯( )	桑( )
謙( )	緊( )	累( )	拔( )	償( )
兼( )	諾( )	漏( )	芳( )	塞( )
頃( )	娘( )	倫( )	輩( )	索( )
耕( )	耐( )	栗( )	排( )	署( )
徑( )	寧( )	率( )	培( )	緖( )
硬( )	奴( )	隆( )	伯( )	恕( )
械( )	腦( )	陵( )	繁( )	徐( )
契( )	泥( )	吏( )	凡( )	釋( )
啓( )	茶( )	履( )	碧( )	惜( )
溪( )	旦( )	裏( )	丙( )	旋( )
桂( )	但( )	臨( )	補( )	禪( )
鼓( )	丹( )	麻( )	譜( )	疏( )
姑( )	淡( )	磨( )	腹( )	蘇( )
稿( )	踏( )	漠( )	覆( )	訴( )
哭( )	唐( )	幕( )	峯( )	燒( )
谷( )	糖( )	莫( )	封( )	訟( )
恭( )	臺( )	晚( )	逢( )	刷( )
恐( )	貸( )	妄( )	鳳( )	鎖( )
貢( )	途( )	梅( )	簿( )	衰( )
供( )	陶( )	媒( )	付( )	需( )
誇( )	刀( )	麥( )	符( )	殊( )
寡( )	倒( )	孟( )	附( )	隨( )
冠( )	桃( )	盟( )	扶( )	輸( )
貫( )	渡( )	猛( )	浮( )	帥( )
寬( )	突( )	盲( )	腐( )	獸( )
慣( )	凍( )	綿( )	賦( )	愁( )
館( )	絡( )	眠( )	奔( )	壽( )
狂( )	欄( )	免( )	奮( )	垂( )
怪( )	蘭( )	滅( )	紛( )	熟( )
壞( )	廊( )	銘( )	拂( )	淑( )

⑥	⑦	⑧	⑨	⑩
瞬( )	烏( )	抵( )	錯( )	編( )
巡( )	悟( )	著( )	贊( )	弊( )
旬( )	獄( )	寂( )	倉( )	肺( )
述( )	瓦( )	摘( )	昌( )	廢( )
襲( )	緩( )	跡( )	蒼( )	浦( )
拾( )	辱( )	蹟( )	彩( )	捕( )
濕( )	慾( )	笛( )	菜( )	楓( )
昇( )	欲( )	殿( )	債( )	被( )
僧( )	愚( )	漸( )	策( )	皮( )
乘( )	偶( )	亭( )	妻( )	彼( )
侍( )	憂( )	廷( )	拓( )	畢( )
飾( )	宇( )	征( )	戚( )	何( )
愼( )	羽( )	貞( )	尺( )	賀( )
審( )	韻( )	淨( )	踐( )	荷( )
甚( )	越( )	井( )	賤( )	鶴( )
雙( )	胃( )	頂( )	淺( )	汗( )
牙( )	謂( )	齊( )	遷( )	割( )
芽( )	僞( )	諸( )	哲( )	含( )
雅( )	幽( )	照( )	徹( )	陷( )
亞( )	誘( )	兆( )	滯( )	項( )
阿( )	裕( )	租( )	肖( )	恒( )
我( )	悠( )	縱( )	超( )	響( )
岸( )	維( )	坐( )	礎( )	獻( )
顔( )	柔( )	柱( )	觸( )	玄( )
巖( )	幼( )	洲( )	促( )	懸( )
央( )	猶( )	宙( )	催( )	穴( )
仰( )	潤( )	奏( )	追( )	脅( )
哀( )	乙( )	珠( )	畜( )	衡( )
若( )	淫( )	株( )	衝( )	慧( )
壤( )	已( )	鑄( )	醉( )	浩( )
揚( )	翼( )	仲( )	吹( )	胡( )
讓( )	忍( )	卽( )	側( )	豪( )
御( )	逸( )	憎( )	値( )	虎( )
抑( )	壬( )	症( )	恥( )	惑( )
憶( )	賃( )	蒸( )	稚( )	魂( )
譯( )	慈( )	曾( )	漆( )	忽( )
役( )	刺( )	池( )	沈( )	洪( )
驛( )	紫( )	之( )	浸( )	禍( )
亦( )	潛( )	枝( )	奪( )	還( )
疫( )	暫( )	振( )	塔( )	換( )
燕( )	藏( )	陳( )	湯( )	皇( )
沿( )	粧( )	鎭( )	殆( )	荒( )
軟( )	掌( )	辰( )	泰( )	悔( )
宴( )	莊( )	震( )	澤( )	懷( )
悅( )	丈( )	疾( )	兎( )	劃( )
染( )	臟( )	秩( )	吐( )	獲( )
炎( )	葬( )	執( )	透( )	橫( )
鹽( )	載( )	徵( )	版( )	胸( )
影( )	裁( )	此( )	片( )	戲( )
譽( )	栽( )	借( )	偏( )	稀( )

第9回 한자능력검정시험 3급

(시험시간 : 60분)

※밑줄 친 漢字語 또는 제시된 漢字語의 讀音을 쓰시오.

1. 출장 내용을 상사께 復命하다. (　　　)
2. 선뜻 행동한 자신의 輕率함을 뉘우치다.(　　　)
3. 서로 주고받을 돈을 相殺하다. (　　　)
4. 宅內 두루 평안하길 빈다. (　　　)
5. 건물이 대칭적인 形狀을 하고 서 있다. (　　　)
6. 희귀자료는 閱覽을 금하고 있다. (　　　)
7. 돌무덤은 假埋가 용이하다. (　　　)
8. 노동자의 劣惡한 환경을 개선시키자. (　　　)
9. 비행을 저지른 모습에 慨歎하다. (　　　)
10. 비염 있는 사람은 꽃가루에 銳敏하다. (　　　)
11. 敬啓는 편지 첫머리에 쓰는 말이다. (　　　)
12. 汚吏의 횡포를 참지 못해 민란이 일어나다. (　　　)
13. 소작인에게 농사의 耕作을 맡기다. (　　　)
14. 인쇄하기 전 오자 修訂작업을 그치다. (　　　)
15. 3월이면 신춘문예 公募가 있다. (　　　)
16. 해질녘 際涯를 향해 쳐다본다. (　　　)
17. 지친 선수를 위해 交替가 필요하다. (　　　)
18. 우리는 항상 坐臥 변함이 없다. (　　　)
19. 계모슬하에서 驅迫 받으며 컸다. (　　　)
20. 늦은 밤까지 공부하느라 遲刻했다. (　　　)
21. 權宜(　　　)　22. 紙幣(　　　)
23. 厥也(　　　)　24. 醜雜(　　　)
25. 龜鑑(　　　)　26. 墮淚(　　　)
27. 謹啓(　　　)　28. 罷免(　　　)
29. 背泳(　　　)　30. 提携(　　　)
31. 禁忌(　　　)　32. 中庸(　　　)
33. 傍觀(　　　)　34. 淸廉(　　　)
35. 塗裝(　　　)　36. 旱災(　　　)
37. 浪漫(　　　)　38. 混濁(　　　)
39. 奴隷(　　　)　40. 薦擧(　　　)
41. 旦暮(　　　)　42. 螢雪(　　　)
43. 興望(　　　)　44. 漂流(　　　)
45. 練祥(　　　)

※다음 漢字의 訓과 音을 쓰시오.

46. 懷(　　　)　47. 尙(　　　)
48. 豪(　　　)　49. 飾(　　　)
50. 壬(　　　)　51. 已(　　　)
52. 淨(　　　)　53. 渡(　　　)
54. 震(　　　)　55. 貿(　　　)
56. 觸(　　　)　57. 逢(　　　)
58. 宰(　　　)　59. 滴(　　　)
60. 逐(　　　)　61. 枕(　　　)
62. 乎(　　　)　63. 昏(　　　)
64. 誦(　　　)　65. 俱(　　　)
66. 哉(　　　)　67. 獵(　　　)
68. 臭(　　　)　69. 杯(　　　)
70. 毫(　　　)　71. 囚(　　　)
72. 搜(　　　)

※다음 밑줄 친 漢字語를 漢字로 쓰시오.

73. 형제다툼에 아버지께서 판결해 주셨다.
　　　　　　　　　　　　　(　　　)
74. 두려움은 형벌보다 무섭다.
　　　　　　　　　　　　　(　　　)
75. 가뭄으로 양곡 수확량이 줄다.
　　　　　　　　　　　　　(　　　)
76. 그 일에 네가 결부되어 아쉽다.
　　　　　　　　　　　　　(　　　)
77. 교수님의 회갑 기념 논문집을 내다.
　　　　　　　　　　　　　(　　　)
78. 메모장은 간략하게 쓴다.
　　　　　　　　　　　　　(　　　)
79. 그는 주위 만류에도 불구하고 아프리카봉사를 떠나다.
　　　　　　　　　　　　　(　　　)
80. 아들의 취직 희보를 받고 기뻤다.
　　　　　　　　　　　　　(　　　)
81. 입시 준비하는 수험생은 여가가 별로 없다.
　　　　　　　　　　　　　(　　　)
82. 오해로 인하여 궁지에 빠지다.
　　　　　　　　　　　　　(　　　)
83. 그는 기독교 선교에 힘쓰다.
　　　　　　　　　　　　　(　　　)
84. 침실 분위기를 산뜻하게 바꾸다.
　　　　　　　　　　　　　(　　　)

85. 한산한 오후를 친구와 즐기다. ………………( )
86. 두 사람 사이를 잘 조정해서 화해시키다. ………………( )
87. 사고의 책임을 물어 강등시키다. ………………( )
88. 과학의 경이로운 논문이 발표되었다. ………………( )
89. 청소년은 일찍 귀가해야 한다. ………………( )
90. 아버지를 닮아서 근검이 몸에 배였다. ………………( )
91. 바다 속에 용궁이 있다는 전설이 내려온다. ………………( )
92. 모든 일에는 연륜이 싸여야 노련하다. ………………( )
93. 친구는 꾀를 부리는 데는 단수가 높다. ………………( )
94. 도서관에 가면 면학 분위기다. ………………( )
95. 어느 나라든지 국가를 선양하는 가무단이 있다. ………………( )
96. 경부선은 복선으로 상행과 하행을 따로 한다. ………………( )
97. 답변은 간단명료하게 해야 한다. ………………( )

※같은 뜻의 漢字를 써 單語를 完成하시오.

98. 念-( )　99. 戰-( )　100. 貯-( )
101. 寒-( )　102. 監-( )　103. 承-( )
104. 試-( )　105. 尋-( )　106. 連-( )
107. 選-( )

※反對語를 漢字로 적으시오.

108. ( )-退院
109. ( )-敵對
110. ( )-固定
111. ( )-溫情
112. ( )-立體

※反對·相對되는 漢字로 單語를 完成하시오.

113. ( )-緯　114. ( )-防　115. ( )-臣
116. ( )-使　117. ( )-廢

※다음 故事成語를 完成하시오.

118. 泥田( )狗　119. 浩( )之( )
120. 厚顔( )恥　121. 一( )( )穫
122. 臨機( )變　123. 拔( )塞( )
124. 抱腹( )倒　125. 頂( )一( )
126. 天高( )肥　127. ( )池( )林

※첫소리가 장음인 것을 고르시오.

128. ( ) : ①崇拜 ②端午 ③娘子 ④朗讀
129. ( ) : ①課程 ②課稅 ③課題 ④課業
130. ( ) : ①難關 ②難解 ③難處 ④難局
131. ( ) : ①來賓 ②來年 ③來日 ④來歷
132. ( ) : ①料理 ②料金 ③料食 ④料量

※音은 같으나 뜻이 다른 漢字語를 쓰시오.

133. 사고 : ( ) 역사에 관한 기록을 보관하던 곳
134. 사고 : ( ) 생각함
135. 사고 : ( ) 네 가지 괴로움
136. 사고 : ( ) 자기 혼자만의 생각
137. 사고 : ( ) 뜻밖에 일어난 사건이나 탈

※다음 漢字語의 뜻을 쓰시오.

138. 花粉 : ( )
139. 間隔 : ( )
140. 曉星 : ( )
141. 乃至 : ( )
142. 意外 : ( )

※다음 漢字의 部首를 쓰시오.

143. 至( )　144. 將( )　145. 畿( )
146. 耐( )　147. 髮( )

※漢字의 略字를 쓰시오.

148. 國( )　寶( )
149. 黨( )　麗( )
150. 舊( )　兒( )

105점 이상 합격!

150

第10回 한자능력검정시험 3급

(시험시간 : 60분)

※밑줄 친 漢字語 또는 제시된 漢字語의 讀音을 쓰시오.

1. <u>茶禮</u>는 차를 대접하는 예의범절이다. (　　)
2. 궁중 행사 때 <u>歌樂</u>을 울리며 연회를 열다. (　　)
3. 입장을 바꿔 생각하는 <u>易地</u>사지 고사가 있다. (　　)
4. 눈은 감정의 <u>率直</u>한 표현의 문이다. (　　)
5. 그의 편지에 <u>答狀</u>을 쓰다. (　　)
6. 요즘 영어회화는 <u>必須</u>이다. (　　)
7. 일이 있은 <u>厥後</u> 그는 떠났다. (　　)
8. 구름이 잔뜩 낀 것으로 <u>或也</u> 소나기조짐. (　　)
9. 모든 일엔 <u>忍耐</u>가 필요하다. (　　)
10. 두 사람이 같이 <u>婚姻</u> 신고하다. (　　)
11. <u>僅少</u>한 차이로 1등을 못했다. (　　)
12. <u>互選</u>에 의해서 회장을 뽑다. (　　)
13. 조금의 여유도 없이 <u>急迫</u>한 상황. (　　)
14. 한복에서는 어머니의 <u>體臭</u>가 느껴진다. (　　)
15. 기계고장으로 <u>冷却</u>이 되지 않는다. (　　)
16. 야심한 시각, <u>秒針</u>소리가 또렷하다. (　　)
17. <u>但只</u> 나의 이야기를 했을 뿐이다. (　　)
18. 정치적 이유로 가택 <u>軟禁</u> 되다. (　　)
19. 적의 <u>挑發</u>에 대비해야 한다. (　　)
20. 애써 키운 종돼지를 <u>種豚</u>과 교접하다. (　　)
21. 習慣(　　)
22. 弔意(　　)
23. 怨魂(　　)
24. 折腰(　　)
25. 東夷(　　)
26. 辨別(　　)
27. 漫談(　　)
28. 返送(　　)
29. 茫漠(　　)
30. 朔風(　　)
31. 敦睦(　　)
32. 攝理(　　)
33. 秋毫(　　)
34. 賜藥(　　)
35. 妥當(　　)
36. 雙墳(　　)
37. 貪慾(　　)
38. 聖靈(　　)
39. 恐龍(　　)
40. 躍動(　　)
41. 飽食(　　)
42. 廉探(　　)
43. 捕捉(　　)
44. 詠懷(　　)
45. 幣物(　　)

※다음 漢字의 訓과 音을 쓰시오.

46. 浩(　　)
47. 踐(　　)
48. 穴(　　)
49. 吐(　　)
50. 玄(　　)
51. 拾(　　)
52. 含(　　)
53. 沙(　　)
54. 割(　　)
55. 鳳(　　)
56. 汗(　　)
57. 裏(　　)
58. 娛(　　)
59. 墮(　　)
60. 竊(　　)
61. 鴻(　　)
62. 弘(　　)
63. 驅(　　)
64. 懼(　　)
65. 飜(　　)
66. 零(　　)
67. 遂(　　)
68. 煩(　　)
69. 傲(　　)
70. 鳴(　　)
71. 訂(　　)
72. 蝶(　　)

※같은 뜻의 漢字를 써 單語를 完成하시오.

73. 憎-(　　)
74. 毛-(　　)
75. (　　)-慈
76. 規-(　　)
77. 貧-(　　)
78. (　　)-過
79. 模-(　　)
80. 極-(　　)
81. (　　)-尙
82. 施-(　　)

※反對·相對되는 漢字로 單語를 完成하시오.

83. (　　)-減
84. 眞-(　　)
85. (　　)-寡
86. (　　)-卑
87. 贊-(　　)

※다음 故事成語를 完成하시오.

88. 天壤之(　　)
89. (　　)上(　　)霜
90. 宿虎衝(　　)
91. (　　)禽(　　)木
92. 欲速不(　　)
93. 傍若(　　)(　　)
94. 內憂外(　　)
95. (　　)履薄(　　)
96. 佳人薄(　　)
97. (　　)思熟(　　)

※다음 글에서 밑줄 친 單語중 한글표기는 漢字로, 漢字표기는 한글로 고쳐 쓰시오.

세계적으로 한자 문화권에 대한 관심(98)이 높아가는데 한국 젊은이들은 오히려 한자실력이 퇴보(99)하고 있다. 커져가는 중국 시장을 고려해서라도 한자문화를 더 심도(100) 있게 공부(101)할 필요가 있다. 그래서 경제단체 입사과정 시험(102)에 한문을 포함시키는 것은 물론, 회사원들에게도 이를 적극(103) 권장(104)하기로 했다는 것이다. 최근(105) 보도(106)된 대학생의 한자 능력(107) 조사(108)에서 너무나 형편없는 결과(109)가 나온 것은 여러 면에서 우려할 만한 사태(110)이다. 전에는 초등학교만 나와도 어느 정도(111) 한자 실력이 있어서 취직(112)해서 사무를 보거나 사회 생활을 하는데도 부족함이 없었다고 하는데 요즈음 대학 교육을 받아도 그렇지 못한 것은 문제이다.

한글 전용 교육의 여파(113)로 인한 현실(114)의 부작용(115)을 해소(116)하기 위해 1천8백자를 교육용 한자로 정하고, 한문교과서도 생겨나고 있는 여건(117) 변화(118)는 결국 한자 실력의 편차로 드러나고 있는 것이 影響(119)이라 할 것이다. 동아시아 교류에도 불충분하며 전통(120)을 이해하는데도 부족하기 때문에 근래 일부 기업에서는 사원들에게 한자교육을 시키고 시험을 통해 현실에 대응(121)하기도 하는 궁색한 편법을 쓰고 있는 상황이라면 차라리 초·중·고교 과정에서도 국한 혼용 교과서(122)를 사용해서 국어를 바로 아는 것이 교육의 바른길이라 생각한다. <신문사설에서>

98. 관심( )   99. 퇴보( )
100. 심도( ) 101. 공부( )
102. 시험( ) 103. 적극( )
104. 권장( ) 105. 최근( )
106. 보도( ) 107. 능력( )
108. 조사( ) 109. 결과( )
110. 사태( ) 111. 정도( )
112. 취직( ) 113. 여파( )
114. 현실( ) 115. 부작용( )
116. 해소( ) 117. 여건( )
118. 변화( ) 119. 影響( )
120. 전통( ) 121. 대응( )
122. 교과서( )

※反對語를 漢字로 적으시오.

123. ( )-樂觀
124. ( )-默讀   125. ( )-背恩
126. ( )-否認   127. ( )-非番

※첫소리가 장음인 것을 고르시오.

128. ( ) : ①貫徹 ②貫革 ③貫流 ④貫通
129. ( ) : ①蜂蜜 ②糧穀 ③扶助 ④産業
130. ( ) : ①見聞 ②犬馬 ③絹紗 ④肩骨
131. ( ) : ①俗世 ②來世 ③宣布 ④培養
132. ( ) : ①討破 ②討伐 ③討論 ④討滅

※音은 같으나 뜻이 다른 漢字語를 쓰시오.

133. 白眉 : ( ) 흰쌀
134. 同船 : ( ) 구리줄
135. 明星 : ( ) 좋은 평판
136. 傲氣 : ( ) 글을 잘못 적음
137. 散性 : ( ) 산에 쌓은 성

※다음 漢字語의 뜻을 쓰시오.

138. 可笑 : ( )
139. 或是 : ( )
140. 移植 : ( )
141. 負債 : ( )
142. 期必 : ( )

※다음 漢字의 部首를 쓰시오.

143. 閑( ) 144. 聞( ) 145. 鬼( )
146. 鬪( ) 147. 養( )

※漢字의 略字를 쓰시오.

148. 長( ) 陰( )
149. 濟( ) 爲( )
150. 壓( ) 藝( )

105점 이상 합격!
150

第11回 한자능력검정시험 3급

(시험시간 : 60분)

※밑줄 친 漢字語 또는 제시된 漢字語의 讀音을 쓰시오.

1. 토지 측량하는 일을 度地라 한다. (　　)
2. 선거철이 되면 후보자 遊說가 있다. (　　)
3. 차를 마시는 데는 茶器가 필요하다. (　　)
4. 자유무역으로 交易이 활발하다. (　　)
5. 재래식 便所는 조금 불편하다. (　　)
6. 안내인의 설명을 듣기 전에 謁廟가 있다. (　　)
7. 한의사 처방의 丸藥을 먹고 있다. (　　)
8. 금지물품을 지니고 있는지 搜檢을 하다. (　　)
9. 옛날보다 貨幣 가치가 떨어졌다. (　　)
10. 예를 갖추어 유명인사를 聘召하다. (　　)
11. 연인이었던 두 사람이 華燭을 밝혔다. (　　)
12. 서류 끝에 別添하여 제출하다. (　　)
13. 병풍에 花蝶과 십장생을 수놓다. (　　)
14. 의병들의 蜂起가 일어났다. (　　)
15. 입원해 있는 동안 昏迷를 거듭했다. (　　)
16. 교통사고로 인명이 分秒를 다투다. (　　)
17. 적색 嫌忌가 있어서 붉은색을 피한다. (　　)
18. 바지허리가 커서 腰帶를 착용하다. (　　)
19. 서쪽 海岸의 경치가 아름답다. (　　)
20. 신분적 隸屬 관계를 타파하다. (　　)
21. 匹敵 (　　) 22. 于先 (　　)
23. 畢納 (　　) 24. 零點 (　　)
25. 暴騰 (　　) 26. 獵銃 (　　)
27. 抱擁 (　　) 28. 辨償 (　　)
29. 廢棄 (　　) 30. 龜頭 (　　)
31. 醜態 (　　) 32. 塗壁 (　　)
33. 推薦 (　　) 34. 癸丑 (　　)
35. 總販 (　　) 36. 處暑 (　　)
37. 聰敏 (　　) 38. 燥渴 (　　)
39. 夷滅 (　　) 40. 參酌 (　　)
41. 低廉 (　　) 42. 稚拙 (　　)
43. 絶絃 (　　) 44. 千斤 (　　)
45. 伸張 (　　)

※다음 漢字의 訓과 音을 쓰시오.

46. 懇 (　　) 47. 慕 (　　)
48. 貢 (　　) 49. 曆 (　　)
50. 畿 (　　) 51. 倒 (　　)
52. 寧 (　　) 53. 栗 (　　)
54. 狂 (　　) 55. 貌 (　　)
56. 鋼 (　　) 57. 斜 (　　)
58. 托 (　　) 59. 軌 (　　)
60. 禾 (　　) 61. 僚 (　　)
62. 厥 (　　) 63. 屛 (　　)
64. 鹿 (　　) 65. 誰 (　　)
66. 睡 (　　) 67. 濯 (　　)
68. 堤 (　　) 69. 穫 (　　)
70. 濁 (　　) 71. 竝 (　　)
72. 擴 (　　)

※다음 밑줄 친 漢字語를 漢字로 쓰시오.

73. 공부할 때는 자세를 바르게 해야 한다. (　　)
74. 한자 3급 자격증을 취득했다. (　　)
75. 남의 물건을 훔치면 도적이다. (　　)
76. 식구들이 거실에서 TV를 보았다. (　　)
77. 빛은 물속에서 굴절현상이 생긴다. (　　)
78. 요즈음 계급 정년제가 있다. (　　)
79. 민주화의 진통. (　　)
80. 홍명보는 은퇴한 축구스타. (　　)
81. 취미는 우표수집이다. (　　)
82. 회사일이 많아 피로하다. (　　)
83. 박찬호는 유명한 야구 투수. (　　)
84. 모처럼 한가한 틈이 생겨 여행을 했다. (　　)

제11회

85. 혼자서 <u>고독</u>을 즐기는 사람도 있다. ………………… (　　　)
86. 재채기는 <u>비공</u>의 점막이 자극을 받아 나온다. ………………… (　　　)
87. 컴퓨터로 인해 <u>안경</u>을 쓰는 학생이 많다. ………………… (　　　)
88. 석탄은 <u>탄광</u>에서 캐낸다. ………………… (　　　)
89. 화엄사에서 들리는 <u>타종</u>소리. ………………… (　　　)
90. 허준은 <u>침술</u>이 능한 의원이었다. ………………… (　　　)
91. 그의 소행으로 단정할 <u>증거</u>가 있다. ………………… (　　　)
92. 효정이의 글이 <u>교지</u>에 실렸다. ………………… (　　　)
93. 자연의 법칙을 <u>탐구</u>하다. ………………… (　　　)
94. 북한의 핵문제로 <u>토론</u>을 벌이다. ………………… (　　　)
95. 면접에서 좋은 <u>평가</u>를 받다. ………………… (　　　)
96. 서력기원을 줄여서 <u>서기</u>라 한다. ………………… (　　　)
97. 아름다운 <u>인연</u>을 맺다. ………………… (　　　)

※같은 뜻의 漢字를 써 單語를 完成하시오.

98. 墳-(　　) 99. (　　)-告 100. (　　)-困
101. 釋-(　　) 102. (　　)-爭 103. (　　)-恨
104. 停-(　　) 105. (　　)-界 106. (　　)-空
107. 組-(　　)

※反對語를 漢字로 적으시오.

108. (　　)-安全
109. (　　)-劃一 110. (　　)-離脫
111. (　　)-稱讚 112. (　　)-公開

※反對·相對되는 漢字로 單語를 完成하시오.

113. 損-(　　) 114. (　　)-衰 115. (　　)-尾
116. 出-(　　) 117. (　　)-受

※다음 故事成語를 完成하시오.

118. 咸(　　)(　　)使 119. 匹夫匹(　　)
120. (　　)少(　　)煩 121. 朝令暮(　　)
122. (　　)刀(　　)麻 123. 勸善懲(　　)
124. 日(　　)(　　)和 125. 塞翁之(　　)
126. (　　)尙(　　)臭 127. 背恩忘(　　)

※첫소리가 장음인 것을 고르시오.

①度量 ②冬至 ③露積 ④滿足 ⑤冬眠
⑥令愛 ⑦賣却 ⑧賣買 ⑨童話 ⑩滿了

128. (　　) 129. (　　) 130. (　　)
131. (　　) 132. (　　)

※音은 같으나 뜻이 다른 漢字語를 쓰시오.

133. 赴役:(　　) 국민이 지는 公役의 의무
134. 飛騰:(　　) 견주어 보아 서로 비슷함
135. 恒久:(　　) 바닷가에 배를 대는 곳
136. 在囚:(　　) 재물에 관한 운수
137. 〃　:(　　) 학과 과정을 다시 공부함

※다음 漢字語의 뜻을 쓰시오.

138. 頗多:(　　)
139. 遲刻:(　　)
140. 蜜語:(　　)
141. 宗廟:(　　)
142. 軟骨:(　　)

※다음 漢字의 部首를 쓰시오.

143. 肅(　　) 144. 裏(　　) 145. 窓(　　)
146. 集(　　) 147. 鳴(　　)

※漢字의 略字를 쓰시오.

148. 廣(　　) 鑛(　　)
149. 點(　　) 無(　　)
150. 傳(　　) 轉(　　)

105점 이상 합격!
/150

第12回 한자능력검정시험 3급

(시험시간 : 60분)

※밑줄 친 漢字語 또는 제시된 漢字語의 讀音을 쓰시오.

1. 그의 말과 행동에는 <u>眞率</u>함이 느껴진다. (　)
2. 쉽게 깨달음의 수행을 <u>易行</u>이라 한다. (　)
3. 심봉사의 눈을 뜨게 한 것은 <u>沈靑</u>이다. (　)
4. 어떤 일을 꾀하고 헤아리는 <u>規度</u> (　)
5. 대기업의 <u>橫暴</u>를 막아야한다. (　)
6. <u>拙劣</u>하기 짝이 없는 변명을 하다. (　)
7. 별세하시고 <u>冥界</u>에서 행복하시길. (　)
8. 잘못으로 두 달 감봉의 <u>懲戒</u>를 받았다. (　)
9. <u>差押</u>은 지금의 압류와 같은 말이다. (　)
10. 육십갑자의 쉰 두번째 해는 <u>乙卯</u> (　)
11. 공약실천 <u>且置</u>하고도 현실에 맞지 않다. (　)
12. 진상의 <u>隱蔽</u>는 파문을 확산시킬 뿐이다. (　)
13. 부정부패는 <u>慙愧</u>한 일이다. (　)
14. 부모님은 나에 대해서 <u>惟憂</u>일 뿐이다. (　)
15. 우리 부대에게 <u>斥候</u>의 임무가 주어졌다. (　)
16. 국회에서 <u>違憲</u>은 없어야 한다. (　)
17. 노스님은 <u>賤隸</u>에서 달관하다. (　)
18. 신행을 마치고 시댁으로 <u>于歸</u>하다. (　)
19. 현대는 정보화, <u>尖端</u> 과학의 시대. (　)
20. 철수는 여행준비로 <u>搖亂</u>하다. (　)

21. 晴雨(　) 22. 汚辱(　)
23. 抄譯(　) 24. 餓死(　)
25. 破棄(　) 26. 殉敎(　)
27. 播遷(　) 28. 燒却(　)
29. 便宜(　) 30. 誦讀(　)
31. 片舟(　) 32. 竝列(　)
33. 包攝(　) 34. 斯學(　)
35. 砲丸(　) 36. 悲慘(　)
37. 濁酒(　) 38. 奔忙(　)
39. 昏絶(　) 40. 背叛(　)
41. 疑懼(　) 42. 廟議(　)
43. 活躍(　) 44. 龜船(　)
45. 懷抱(　)

※다음 漢字의 訓과 音을 쓰시오.

46. 雅(　) 47. 礎(　)
48. 偶(　) 49. 醉(　)
50. 輸(　) 51. 借(　)
52. 裳(　) 53. 兆(　)
54. 署(　) 55. 潛(　)
56. 釋(　) 57. 掌(　)
58. 雖(　) 59. 貪(　)
60. 臥(　) 61. 曉(　)
62. 弔(　) 63. 屢(　)
64. 誕(　) 65. 蜂(　)
66. 糾(　) 67. 畏(　)
68. 淚(　) 69. 怠(　)
70. 卜(　) 71. 侯(　)
72. 孰(　)

※다음 밑줄 친 漢字語를 漢字로 쓰시오.

73. 노력한 결과로 학업 <u>성적</u>이 오르다.
　　…………………………………………(　)
74. 그는 지지 <u>조직</u>을 업고 입후보했다.
　　…………………………………………(　)
75. 동해안에 <u>국적</u>불명의 잠수함이 나타났다.
　　…………………………………………(　)
76. 군 장비를 <u>축소</u>하다.
　　…………………………………………(　)
77. 커피보다 <u>홍차</u>가 몸에 좋다.
　　…………………………………………(　)
78. 위성 <u>중계</u>로 월드컵 축구 경기를 보았다.
　　…………………………………………(　)
79. 이번 작품의 대상은 <u>엄선</u>한 가운데 선정되었다.
　　…………………………………………(　)
80. 교향악단을 <u>지휘</u>하다.
　　…………………………………………(　)
81. 대일 <u>항쟁</u>을 벌이다.
　　…………………………………………(　)
82. 한자를 배워서 단어의 뜻을 <u>유추</u> 할 수 있다.
　　…………………………………………(　)
83. 대통령 취임식에 <u>초대</u>를 받다.
　　…………………………………………(　)
84. 태극전사들을 열심히 <u>응원</u>하다.
　　…………………………………………(　)

제12회

85. 좋은 책 만들기에 <u>박차</u>를 가하다. ……………( )
86. 배정한자 변경으로 출판사마다 <u>손실</u>을 보다. ……………( )
87. 운전면허증을 <u>소지</u>하고 있다. ……………( )
88. 좋은 책은 독자들이 <u>비평</u>한다. ……………( )
89. 공무원 <u>채용</u> 시험에 합격하다. ……………( )
90. 폭격기의 파상 <u>공격</u>. ……………( )
91. 우주의 <u>신비</u>를 벗기다. ……………( )
92. 노후자금으로 <u>적금</u>을 넣다. ……………( )
93. 모르는 한자는 <u>옥편</u>을 이용한다. ……………( )
94. 사람과 <u>곡식</u>은 가꾸기에 달렸다. ……………( )
95. 매일 운동으로 <u>근육</u>이 솟다. ……………( )
96. 타의 <u>모범</u>이 되다. ……………( )
97. 주사액을 <u>혈관</u>에 주입하다. ……………( )

※같은 뜻의 漢字를 써 單語를 完成하시오.

98. 歌-( ) 99. ( )-値 100. ( )-悟
101. 健-( ) 102. ( )-錄 103. ( )-承
104. 具-( ) 105. ( )-藝 106. ( )-還
107. 空-( )

※反對語를 漢字로 적으시오.

108. ( )-恩惠
109. ( )-分離 110. ( )-連結
111. ( )-現實 112. ( )-貧者

※反對·相對되는 漢字로 單語를 完成하시오.

113. ( )-疏 114. ( )-裏 115. ( )-退
116. ( )-晩 117. ( )-散

※다음 故事成語를 完成하시오.

118. 蓋世之( )   119. ( )( )蛇尾
120. 乞人憐( )   121. 吾( )( )尺
122. 騷人墨( )   123. ( )( )齊眉
124. 唯我獨( )   125. ( )唱( )隨
126. 匹夫之( )   127. ( )枕( )眠

※첫소리가 장음인 것을 고르시오.

128. ( ) : ①受苦 ②受賞 ③受業 ④受信
129. ( ) : ①尙宮 ②尙州 ③尙門 ④尙武
130. ( ) : ①素朴 ②素質 ③素服 ④素材
131. ( ) : ①沿邊 ②沿革 ③沿道 ④沿岸
132. ( ) : ①行實 ②行動 ③行路 ④行事

※音은 같으나 뜻이 다른 漢字語를 쓰시오.

133. 動搖 : ( ) 어린이들이 즐겨 부르는 노래
134. 動止 : ( ) 이십사절기의 하나로 밤이 가장 깊
135. 〃 : ( ) 뜻을 같이 하는 사람
136. 獨子 : ( ) 출판물을 읽는 사람
137. 〃 : ( ) 저 혼자

※다음 漢字語의 뜻을 쓰시오.

138. 登庸 : ( )
139. 弘報 : ( )
140. 紙幣 : ( )
141. 稿料 : ( )
142. 詐稱 : ( )

※다음 漢字의 部首를 쓰시오.

143. 席( ) 144. 耕( ) 145. 尙( )
146. 香( ) 147. 乘( )

※漢字의 略字를 쓰시오.

148. 勞( ) 榮( )
149. 定( ) 參( )
150. 卒( ) 雜( )

105점 이상 합격!
/150

4級 ▷중간점검용◁ 정답 p67

①	②	③	④	⑤
겨를 가 ( )	경계할계 ( )	고를 균 ( )	누이 매 ( )	사사 사 ( )
깨달을각 ( )	계절 계 ( )	심할 극 ( )	힘쓸 면 ( )	실 사 ( )
새길 각 ( )	닭 계 ( )	부지런할근 ( )	울 명 ( )	쏠 사 ( )
간략할간 ( )	섬돌 계 ( )	힘줄 근 ( )	본뜰 모 ( )	흩을 산 ( )
방패 간 ( )	이어맬계 ( )	기특할기 ( )	묘할 묘 ( )	다칠 상 ( )
볼 간 ( )	이을 계 ( )	벼리 기 ( )	무덤 묘 ( )	코끼리상 ( )
감히 감 ( )	곳집 고 ( )	부칠 기 ( )	춤출 무 ( )	베풀 선 ( )
달 감 ( )	외로울고 ( )	틀 기 ( )	칠 박 ( )	혀 설 ( )
갑옷 갑 ( )	곡식 곡 ( )	들일 납 ( )	터럭 발 ( )	붙일 속 ( )
내릴 강 항복할항 ( )	곤할 곤 ( )	층계 단 ( )	방해할방 ( )	덜 손 ( )
다시 갱 고칠 경 ( )	뼈 골 ( )	도둑 도 ( )	범할 범 ( )	소나무송 ( )
근거 거 ( )	칠 공 ( )	도망할도 ( )	법 범 ( )	칭송할송 ( )
막을 거 ( )	구멍 공 ( )	무리 도 ( )	말씀 변 ( )	빼어날수 ( )
살 거 ( )	대롱 관 ( )	알 란 ( )	넓을 보 ( )	아재비숙 ( )
클 거 ( )	쇳돌 광 ( )	어지러울란 ( )	겹칠 복 ( )	엄숙할숙 ( )
뛰어날걸 ( )	얽을 구 ( )	볼 람 ( )	엎드릴복 ( )	높을 숭 ( )
검소할검 ( )	무리 군 ( )	간략할략 ( )	아닐 부 막힐 비 ( )	각씨 씨 ( )
격할 격 ( )	임금 군 ( )	양식 량 ( )	질 부 ( )	이마 액 ( )
칠 격 ( )	굽힐 굴 ( )	생각할려 ( )	가루 분 ( )	모양 양 ( )
개 견 ( )	다할 궁 ( )	매울 렬 ( )	분할 분 ( )	엄할 엄 ( )
굳을 견 ( )	권할 권 ( )	용 룡 ( )	비석 비 ( )	더불 여 ( )
거울 경 ( )	문서 권 ( )	버들 류 ( )	비평할비 ( )	바꿀 역 쉬울 이 ( )
기울 경 ( )	책 권 ( )	바퀴 륜 ( )	숨길 비 ( )	지경 역 ( )
놀랄 경 ( )	돌아갈귀 ( )	떠날 리 ( )	말씀 사 ( )	납 연 ( )

4급 중간점검용

⑥	⑦	⑧	⑨	⑩
늘일 연 ( )	다를 이 ( )	고요할정 ( )	관청 청 ( )	불터질폭 ( )
인연 연 ( )	어질 인 ( )	장정 정 ( )	들을 청 ( )	표할 표 ( )
탈 연 ( )	모양 자 ( )	임금 제 ( )	부를 초 ( )	피곤할피 ( )
경영할영 ( )	손위누이자 ( )	가지 조 ( )	밀 추 ( )	피할 피 ( )
맞을 영 ( )	재물 자 ( )	조수 조 ( )	줄일 축 ( )	한 한 ( )
비칠 영 ( )	남을 잔 ( )	짤 조 ( )	나아갈취 ( )	한가할한 ( )
미리 예 ( )	섞일 잡 ( )	있을 존 ( )	뜻 취 ( )	겨룰 항 ( )
넉넉할우 ( )	꾸밀 장 ( )	쇠북 종 ( )	층 층 ( )	씨 핵 ( )
만날 우 ( )	베풀 장 ( )	좇을 종 ( )	바늘 침 ( )	법 헌 ( )
우편 우 ( )	장려할장 ( )	자리 좌 ( )	잘 침 ( )	험할 험 ( )
근원 원 ( )	장막 장 ( )	두루 주 ( )	일컬을칭 ( )	가죽 혁 ( )
도울 원 ( )	장할 장 ( )	붉을 주 ( )	탄식할탄 ( )	나타날현 ( )
원망할원 ( )	창자 장 ( )	술 주 ( )	탄알 탄 ( )	형벌 형 ( )
맡길 위 ( )	밑 저 ( )	증거 증 ( )	벗을 탈 ( )	혹 혹 ( )
에워쌀위 ( )	길쌈 적 ( )	가질 지 ( )	찾을 탐 ( )	섞을 혼 ( )
위로할위 ( )	도둑 적 ( )	기록할지 ( )	가릴 택 ( )	혼인할혼 ( )
위엄 위 ( )	맞을 적 ( )	지혜 지 ( )	칠 토 ( )	붉을 홍 ( )
위태할위 ( )	문서 적 ( )	짤 직 ( )	아플 통 ( )	빛날 화 ( )
남길 유 ( )	쌓을 적 ( )	다할 진 ( )	던질 투 ( )	고리 환 ( )
놀 유 ( )	구를 전 ( )	보배 진 ( )	싸움 투 ( )	기쁠 환 ( )
선비 유 ( )	돈 전 ( )	진칠 진 ( )	갈래 파 ( )	상황 황 ( )
젖 유 ( )	오로지전 ( )	다를 차 ( )	판단할판 ( )	재 회 ( )
숨을 은 ( )	꺾을 절 ( )	기릴 찬 ( )	책 편 ( )	기후 후 ( )
거동 의 ( )	점 점 ( )	캘 채 ( )	평할 평 ( )	두터울후 ( )
의심할의 ( )	점령할점 ( )	책 책 ( )	닫을 폐 ( )	휘두를휘 ( )
의지할의 ( )	가지런할정 ( )	샘 천 ( )	세포 포 ( )	기쁠 희 ( )

第13回 한자능력검정시험 3급

(시험시간 : 60분)

※밑줄 친 漢字語 또는 제시된 漢字語의 讀音을 쓰시오.

1. 명민하고 말 잘하는 <u>說客</u>이 다 모였다. (　　)
2. 제일차세계대전은 독일의 <u>降伏</u>으로 끝났다. (　　)
3. 이달에는 운수가 꽉 막히는 <u>否塞</u>의 달. (　　)
4. 수술 후 <u>更生</u>의 삶을 살고 있다. (　　)
5. <u>般若</u>는 깨달음의 진리를 얻는 것이다. (　　)
6. 산속 시골에서는 <u>養蜂</u>을 많이 한다. (　　)
7. 부모님이 돌아가시고 <u>毁慕</u>하는 마음이 크다. (　　)
8. 노비들은 <u>輿隷</u>로서 상전에 충성한다. (　　)
9. 친구들과 즐거웠던 시절을 <u>回顧</u>하다. (　　)
10. 손님대접을 <u>蔬飯</u>으로 해서 민망하다. (　　)
11. 스마트폰이 <u>擴散</u>되다. (　　)
12. 당나라승려가 번역한 <u>唯識</u> 사상의 논서. (　　)
13. 일기예보와 달리 하늘은 <u>和暢</u>하다. (　　)
14. 만화책을 훔쳐보다 <u>押收</u> 당했다. (　　)
15. 그곳의 주산업은 <u>牧畜</u>과 관광이다. (　　)
16. 내전중인 소말리아는 <u>飢餓</u>로 허덕이다. (　　)
17. 자동으로 보험료가 <u>移替</u> 되도록 하다. (　　)
18. 반란을 일으킨 무리가 세우는 <u>叛旗</u> (　　)
19. 새벽 세시부터 다섯시까지를 <u>寅時</u>라 한다. (　　)
20. <u>卯酉</u>는 동쪽과 서쪽을 아울러 이름. (　　)
21. 隣接(　　)　22. 侮辱(　　)
23. 災厄(　　)　24. 印刷(　　)
25. 絶叫(　　)　26. 貴賓(　　)
27. 漸騰(　　)　28. 官僚(　　)
29. 醜貌(　　)　30. 俱存(　　)
31. 抽象(　　)　32. 苟且(　　)
33. 推尋(　　)　34. 繁盛(　　)
35. 罷職(　　)　36. 假睡(　　)
37. 尖銳(　　)　38. 干涉(　　)
39. 辨明(　　)　40. 强姦(　　)
41. 封爵(　　)　42. 矯導(　　)
43. 吉祥(　　)　44. 坤殿(　　)
45. 飛躍(　　)

※다음 漢字의 訓과 音을 쓰시오.

46. 偏(　　)　47. 策(　　)
48. 透(　　)　49. 執(　　)
50. 塔(　　)　51. 徵(　　)
52. 吹(　　)　53. 振(　　)
54. 哲(　　)　55. 蒸(　　)
56. 尺(　　)　57. 卽(　　)
58. 梨(　　)　59. 俊(　　)
60. 赴(　　)　61. 頗(　　)
62. 屑(　　)　63. 輝(　　)
64. 搖(　　)　65. 慢(　　)
66. 把(　　)　67. 朋(　　)
68. 僅(　　)　69. 腰(　　)
70. 墳(　　)　71. 遵(　　)
72. 循(　　)

※다음 밑줄 친 漢字語를 漢字로 쓰시오.

73. 점심은 <u>간단</u>하게 하자. (　　)
74. 제품의 현재 <u>재고</u>는 얼마나 있나? (　　)
75. 배정된 <u>좌석</u>에 앉으세요. (　　)
76. 회사 일에 대한 전권을 <u>위임</u>받았다. (　　)
77. 봄시즌 농구대잔치에서 <u>우승</u> 하였다. (　　)
78. 승희와 소희는 <u>자매</u>이다. (　　)
79. 그의 대학에서 <u>전공</u>은 환경학이다. (　　)
80. 주말에 친구 <u>결혼</u>식이 있다. (　　)
81. TV가 공부에 <u>방해</u>가 된다. (　　)
82. 왕의 남자에서 <u>묘기</u>를 부리는 광대. (　　)
83. 대답하기가 <u>곤란</u>하다. (　　)
84. 주택 <u>주변</u>에 꽃을 심다. (　　)

85. 일부 학생들의 과격한 시위. ( )
86. 조상님 숭배는 유교사상이다. ( )
87. 조선시대부터 당파 싸움이 있었다. ( )
88. 교통이 혼잡하다. ( )
89. 군관민의 도움으로 피해지역이 원상 복구 되었다. ( )
90. 좋은 기회를 놓치지 마세요. ( )
91. 일을 할 때에는 먼저 구상을 한다. ( )
92. 비가 올 모양이지. ( )
93. 몰지각한 상인들이 상표를 도용한다. ( )
94. 공사 계약 조건은? ( )
95. 역사에는 걸출한 인물들이 많다. ( )
96. 부처님의 설법을 경청하다. ( )
97. 축구시합에서 부상을 당하다. ( )

※같은 뜻의 漢字를 써 單語를 完成하시오.

98. 毫-( )　99. ( )-始　100. ( )-伐
101. 淸-( )　102. ( )-喜　103. ( )-作
104. 恭-( )　105. ( )-聞　106. ( )-固
107. 恩-( )

※反對語를 漢字로 적으시오.

108. ( )-正常
109. ( )-密集　110. ( )-增進
111. ( )-權利　112. ( )-登場

※反對·相對되는 漢字로 單語를 完成하시오.

113. 緩-( )　114. ( )-野　115. ( )-現
116. 昇-( )　117. ( )-陽

※다음 故事成語를 完成하시오.

118. 萬( )休矣　119. 忘( )之( )
120. 麥( )之歎　121. ( )陵桃( )
122. 弄瓦之( )　123. 拔( )蓋( )
124. 累( )之危　125. ( )昔之( )
126. ( )蜜腹劍　127. ( )禮勿( )

※첫소리가 장음인 것을 고르시오.

①未安　②未來　③美國　④迷兒　⑤放學
⑥美術　⑦迷宮　⑧放浪　⑨屛風　⑩放送

128. ( )　129. ( )　130. ( )
131. ( )　132. ( )

※音은 같으나 뜻이 다른 漢字語를 쓰시오.

133. 사기 : ( ) 사격하는 재주
134. 사기 : ( ) 병사들의 씩씩한 기개
135. 사기 : ( ) 역사적 사실을 적은 책
136. 사기 : ( ) 절터
137. 사기 : ( ) 회사의 기

※다음 漢字語의 뜻을 쓰시오.

138. 直徑 : ( )
139. 燕尾 : ( )
140. 漏水 : ( )
141. 眉間 : ( )
142. 漆工 : ( )

※다음 漢字의 部首를 쓰시오.

143. 威( )　144. 龍( )　145. 疑( )
146. 望( )　147. 乃( )

※略字는 正字로, 正字는 略字로 쓰시오.

148. 錢( ) 殘( )
149. 担( ) 雞( )
150. 壯( ) 裝( )

105점 이상 합격!
150

第14回 한자능력검정시험 3급

(시험시간 : 60분)

※밑줄 친 漢字語 또는 제시된 漢字語의 讀音을 쓰시오.

1. 남녀 일상복도 <u>復古</u> 경향이 있다. (　　)
2. 초겨울의 <u>索漠</u>한 풍경. (　　)
3. 보통 시험지라고 부르는 것이 <u>更紙</u>다. (　　)
4. 옛날엔 만남의 장이 되었던 <u>茶房</u> (　　)
5. 강도로 돌변하여 사람을 <u>刺殺</u> 시키다. (　　)
6. 국민이라면 <u>遵法</u> 정신을 가져야한다. (　　)
7. 양국은 <u>互惠</u>와 균형을 이루도록 하자. (　　)
8. 거리가 주말답지 않게 <u>閑寂</u>하다. (　　)
9. 통곡을 해도 <u>血淚</u>를 금할 길이 없다. (　　)
10. <u>桂樹</u>에서 월계잎과 계피를 얻는다. (　　)
11. 때가 되어 <u>虛飢</u>를 느끼다. (　　)
12. 작업을 <u>完了</u>하고 퇴근하다. (　　)
13. 차려입은 <u>近似</u>한 모습이 매력적이다. (　　)
14. 매달리기에서 <u>傲氣</u>로 끝까지 버티다. (　　)
15. 해가 진다고 믿었던 서쪽의 못 <u>咸池</u> (　　)
16. 그애는 <u>唐突</u>하고 자신감 넘치는 아이다. (　　)
17. <u>彼岸</u>은 열반의 세계에 도달하는 경지. (　　)
18. 용의자의 <u>端緖</u>를 찾아 실마리를 풀다. (　　)
19. 좋은 이야기도 <u>飽聞</u>하면 듣기 싫다. (　　)
20. 국민은 복지의 <u>惠澤</u>을 누려야한다. (　　)
21. 貝物 (　　)　22. 垂楊 (　　)
23. 播種 (　　)　24. 透視 (　　)
25. 兎屑 (　　)　26. 頻發 (　　)
27. 被害 (　　)　28. 屛居 (　　)
29. 貪官 (　　)　30. 媒體 (　　)
31. 羽隊 (　　)　32. 民泊 (　　)
33. 尋常 (　　)　34. 叛徒 (　　)
35. 貯藏 (　　)　36. 捕獲 (　　)
37. 淸酌 (　　)　38. 僧舞 (　　)
39. 添削 (　　)　40. 懇請 (　　)
41. 溪谷 (　　)　42. 冒頭 (　　)
43. 慙憤 (　　)　44. 純綿 (　　)
45. 罪囚 (　　)

※다음 漢字의 訓과 音을 쓰시오.

46. 閣 (　　)　47. 郞 (　　)
48. 恐 (　　)　49. 祀 (　　)
50. 企 (　　)　51. 伯 (　　)
52. 腦 (　　)　53. 銘 (　　)
54. 館 (　　)　55. 此 (　　)
56. 啓 (　　)　57. 菜 (　　)
58. 罷 (　　)　59. 只 (　　)
60. 携 (　　)　61. 販 (　　)
62. 肯 (　　)　63. 豈 (　　)
64. 崩 (　　)　65. 遲 (　　)
66. 贈 (　　)　67. 罔 (　　)
68. 忌 (　　)　69. 晨 (　　)
70. 忙 (　　)　71. 幣 (　　)
72. 賓 (　　)

※다음 밑줄 친 漢字語를 漢字로 쓰시오.

73. 환자를 <u>간호</u>하는 사람도 힘들다.
　　……………………… (　　)
74. 각서에 <u>인주</u> 묻은 엄지손가락을 지그시 누르다.
　　……………………… (　　)
75. 신임총장은 <u>혁신</u>을 강조하셨다.
　　……………………… (　　)
76. 할아버지 돌아가신 뒤 <u>송덕</u>이 자자했다.
　　……………………… (　　)
77. 우리나라 칠보는 <u>화려</u>하고 아름답다.
　　……………………… (　　)
78. 옛 선비들은 <u>현달</u>을 원치 않았다.
　　……………………… (　　)
79. 민주주의는 <u>투쟁</u>과 타협의 역사다.
　　……………………… (　　)
80. 길고 큰 한숨을 내쉬며 <u>탄식</u>하다.
　　……………………… (　　)
81. 사진을 <u>취미</u>로 하는 동호인 모임이 있다.
　　……………………… (　　)
82. <u>취학</u> 전에 한글을 공부하는 아이가 많다.
　　……………………… (　　)
83. 갈수록 국민들의 조세 <u>부담</u>이 늘고 있다.
　　……………………… (　　)
84. 이번 전시는 유명작가의 <u>진품</u>을 구경할 수 있는 기회다.
　　……………………… (　　)

85. 나도 <u>충견</u> 한 마리를 키우고 싶다. ………… ( )
86. 지나친 <u>음주</u>는 몸에 해롭다. ………… ( )
87. 상관의 명령에 <u>복종</u>하다. ………… ( )
88. 선조들의 유물을 잘 <u>보존</u> 해야겠다. ………… ( )
89. 플랑크톤의 이상 증식으로 <u>적조</u>현상이 나타난다. ………… ( )
90. 피를 모아 심장으로 보내는 혈관은 <u>정맥</u>이다. ………… ( )
91. 말하지 않는 이유가 <u>의문</u>스럽다. ………… ( )
92. <u>위기</u>에 처할수록 현명하게 대처해야 한다. ………… ( )
93. 젊은 <u>영농</u> 후계자가 많이 양성되어야 한다. ………… ( )
94. 사고로 인하여 기차가 <u>연착</u>되었다. ………… ( )
95. 과다한 지출로 예금의 <u>잔액</u>이 얼마 남지 않았다. ………… ( )
96. 나는 안창호 선생을 <u>숭배</u>한다. ………… ( )
97. <u>엄숙</u>한 분위기가 지속되어 긴장되었다. ………… ( )

※같은 뜻의 漢字를 써 單語를 完成하시오.

98. ( )-加 99. ( )-去 100. 打-( )
101. ( )-讚 102. ( )-所 103. 責-( )
104. ( )-習 105. ( )-暖 106. 音-( )
107. ( )-說

※反對語를 漢字로 적으시오.

108. ( )-可決
109. ( )-緯度 110. ( )-慢性
111. ( )-單式 112. ( )-放心

※反對·相對되는 漢字로 單語를 完成하시오.

113. ( )-賤 114. ( )-失 115. 姑-( )
116. ( )-臥 117. ( )-終

※다음 故事成語를 完成하시오.

118. ( )耕夜( )   119. 莫( )之友
120. ( )忠報( )   121. 唯一( )二
122. ( )三暮( )   123. 抱腹( )倒
124. ( )臭萬( )   125. 一魚濁( )
126. 附( )雷( )   127. 鶴首苦( )

※첫소리가 장음인 것을 고르시오.

128. ( ) : ①尙早 ②相助 ③相照 ④商調
129. ( ) : ①模範 ②謀略 ③貿易 ④毛髮
130. ( ) : ①縮圖 ②短點 ③登校 ④落書
131. ( ) : ①將來 ②將軍 ③將次 ④將卒
132. ( ) : ①具現 ②具色 ③具氏 ④具備

※音은 같으나 뜻이 다른 漢字語를 쓰시오.

133. 直腸:( ) 근무하며 맡은 일을 하는 일터
134. 朱衣:( ) 방침이나 주장(민주주의)
135. 〃 :( ) 두루마기
136. 〃 :( ) 마음에 새겨 조심함
137. 〃 :( ) 주되는 요지

※다음 漢字語의 뜻을 쓰시오.

138. 諒知:( )
139. 苟且:( )
140. 腐敗:( )
141. 漂流:( )
142. 當然:( )

※다음 漢字의 部首를 쓰시오.

143. 高( ) 144. 街( ) 145. 射( )
146. 區( ) 147. 州( )

※略字는 正字로, 正字는 略字로 쓰시오.

148. 兩( ) 滿( )
149. 竜( ) 属( )
150. 師( ) 歸( )

105점 이상 합격!
150

第15回 한자능력검정시험 3급

(시험시간 : 60분)

※밑줄 친 漢字語 또는 제시된 漢字語의 讀音을 쓰시오.

1. 글을 쓸 때 문장부호 쓰는 <u>句讀</u>법. (　　)
2. <u>暴惡</u>한 호랑이 길들이기의 조련사. (　　)
3. 일 년의 <u>計畫</u>은 봄에 세운다. (　　)
4. 그녀의 미모에 <u>惱殺</u>되지 않을 수 없다. (　　)
5. <u>綠茶</u>를 만들기까지는 정성이 필요하다. (　　)
6. 우리 가요도 <u>飜案</u>되어 일본에서 유행하다. (　　)
7. 하얗게 내린 눈으로 <u>乾坤</u> 분간이 어렵다. (　　)
8. 일반학교에 <u>竝設</u> 특수학교가 생겼다. (　　)
9. 모임에서는 <u>慶弔</u>사에 찾아뵙는다. (　　)
10. 지휘자는 음악적 <u>分析</u> 능력이 뛰어나다. (　　)
11. 왕세자와 <u>公爵</u>의 딸이 결혼했다. (　　)
12. 우리의 계획이 <u>霧散</u> 위기에 처했다. (　　)
13. 현아는 언어 <u>驅使</u> 능력이 뛰어나다. (　　)
14. 여러 가지 <u>蔬菜</u>를 담아 대접하다. (　　)
15. 크기는 작아도 <u>斤量</u>은 꽤 나간다. (　　)
16. 범인을 잡기위해 <u>搜査</u> 중이다. (　　)
17. 목사가 신도들의 집을 <u>尋訪</u>하다. (　　)
18. 멀리서도 <u>輝光</u>하니 눈이 부시다. (　　)
19. <u>今昔</u>을 막론하고 어머니는 위대하다. (　　)
20. 교통사고로 <u>昏睡</u>상태에 빠져있다. (　　)

21. 旣婚(　　)
22. 享樂(　　)
23. 多忙(　　)
24. 解釋(　　)
25. 滿了(　　)
26. 貝類(　　)
27. 冥府(　　)
28. 妥協(　　)
29. 暮境(　　)
30. 墮落(　　)
31. 燕尾(　　)
32. 招聘(　　)
33. 謀叛(　　)
34. 妾室(　　)
35. 某氏(　　)
36. 遵守(　　)
37. 友邦(　　)
38. 壬戌(　　)
39. 遊泳(　　)
40. 酌婦(　　)
41. 尤甚(　　)
42. 田畓(　　)
43. 緩慢(　　)
44. 童蒙(　　)
45. 囚役(　　)

※다음 漢字의 訓과 音을 쓰시오.

46. 賀(　　)　47. 泥(　　)
48. 畢(　　)　49. 徑(　　)
50. 楓(　　)　51. 硬(　　)
52. 彼(　　)　53. 械(　　)
54. 浦(　　)　55. 弓(　　)
56. 肺(　　)　57. 唐(　　)
58. 詐(　　)　59. 暑(　　)
60. 憨(　　)　61. 鈍(　　)
62. 暢(　　)　63. 涉(　　)
64. 惟(　　)　65. 昭(　　)
66. 押(　　)　67. 倣(　　)
68. 殃(　　)　69. 廉(　　)
70. 晴(　　)　71. 尖(　　)
72. 跳(　　)

※같은 뜻의 漢字를 써 單語를 完成하시오.

73. (　　)-歷　74. 思-(　　)　75. 攻-(　　)
76. (　　)-實　77. 茂-(　　)　78. 救-(　　)
79. (　　)-任　80. 扶-(　　)　81. 階-(　　)
82. (　　)-絡

※반대·상대되는 漢字로 單語를 完成하시오.

83. 公-(　　)　84. 伸-(　　)　85. 班-(　　)
86. 冷-(　　)　87. 順-(　　)

※다음 故事成語를 完成하시오.

88. 坐(　　)(　　)席
89. (　　)顔大笑
90. 生(　　)(　　)滅
91. (　　)禍爲福
92. 百(　　)(　　)策
93. 一觸卽(　　)
94. 始(　　)(　　)一
95. 千載一(　　)
96. 足(　　)(　　)及
97. 風樹之(　　)

※다음 글에서 밑줄 친 單語중 한글표기는 漢字로, 漢字표기는 한글로 고쳐 쓰시오.

서울대는 통합 논술 대비(98) 모의논술 고사의 결과와 함께 "잘 쓴 답안과 못 쓴 답안을" 계열별(99)로 공개했다. 왜 그런 평가를 내렸는지에 대한 설명도 곁들여졌다. 서울대는 통합논술을 어떻게 준비해야 하는지 혼란(100)스러워 하는 수험생(101)들을 위해 일부 답안을 공개하기도 했다.

인문계열에 대한 총평(102)은 뻔한 결론을 나열하면 나쁜 답안이라고 하면서 학생들이 제시(103)문을 요약하라거나 비교하라고 하면 그럭저럭 답지(104)를 잘 썼지만 자신(105)의 견해를 주장(106)하는데는 약했다고 한다. 자연계열 모의논술 결과에 대해 서울대는 "많은 학생들이 과학적(107)인 근거(108)가 없는 단편적인 결론만 도출한 답안을 썼다"는 부정(109)적인 총평을 내놨다. 또 "다수의 답안이 설명 과정(110)을 보여주지 못하고 논리(111)적 飛躍(112)을 범했다"는 신랄한 평가도 나왔다. 서울대가 기대(113)했던 수준(114) 이하의 답안지도 많았고, 문항별로 아예 빈칸으로 남긴 답안지도 있었다는 것이다. 자연계열 논술 문항 중 하나는 "고추나 후추에 들어있는 성분들보다 더 매운 맛을 내는 화합물(115)을 만드는 방식(116)을 제시하라"는 질문(117)에 대한 것이었다.

많은 학생들은 어떻게 하면 매운 맛을 내는 부위(118)가 여러 개 들어 있는 화합물을 찾아내느냐에 매달린 데 비해, 좋은 답안들은 혀가 어떻게 매운맛을 인식(119)하는지 그 메커니즘을 자세히 연구(120)해야 원하는 물질을 찾아낼 수 있다고 답해 호평을 받았다. 남들과 다르게 사고하는 창의(121)적인 발상을 인정 받은 것이다. <조선(122)일보에서>

98. 대비( )	99. 계열별( )
100. 혼란( )	101. 수험생( )
102. 총평( )	103. 제시( )
104. 답지( )	105. 자신( )
106. 주장( )	107. 과학적( )
108. 근거( )	109. 부정( )
110. 과정( )	111. 논리( )
112. 飛躍( )	113. 기대( )
114. 수준( )	115. 화합물( )
116. 방식( )	117. 질문( )

118. 부위( ) 119. 인식( )
120. 연구( ) 121. 창의( )
122. 조선( )

※반대어를 漢字로 적으시오.
123. ( )-消極
124. ( )-出席   125. ( )-閉鎖
126. ( )-破壞   127. ( )-極貧

※첫소리가 장음인 것을 고르시오.
128. ( ) : ①都市 ②道德 ③圖書 ④盜賊
129. ( ) : ①現世 ②年歲 ③談話 ④芳香
130. ( ) : ①山林 ②山城 ③逢着 ④普遍
131. ( ) : ①長歌 ②長技 ③長官 ④長點
132. ( ) : ①說得 ②說明 ③募金 ④利用

※音은 같으나 뜻이 다른 漢字語를 쓰시오.
133. 道路 : ( ) 헛수고
134. 脅弱 : ( ) 협의하여 약속함
135. 鄕愁 : ( ) 화장품의 한가지
136. 全般 : ( ) 앞부분이 되는 절반(축구전반전)
137. 利害 : ( ) 사리를 분별하여 앎

※다음 漢字語의 뜻을 쓰시오.
138. 蜂蜜 : ( )
139. 瞬間 : ( )
140. 免稅 : ( )
141. 水泳 : ( )
142. 午睡 : ( )

※다음 漢字의 부수를 쓰시오.
143. 間( ) 144. 問( ) 145. 靑( )
146. 巡( ) 147. 辯( )

※略字는 正字로, 正字는 略字로 쓰시오.
148. 價( ) 獨( )
149. 珍( ) 條( )
150. 隱( ) 団( )

105점 이상 합격!
/150

第16回 한자능력검정시험 3급

(시험시간 : 60분)

※밑줄 친 漢字語 또는 제시된 漢字語의 讀音을 쓰시오.

1. 悔悟의 눈물을 흘리다. ( )
2. 단순한 踏襲보다 창조적인 변화가 좋다. ( )
3. 무릎을 꿇고 억울한 사정을 泣訴하였다. ( )
4. 감기로 惡寒과 고열에 시달렸다. ( )
5. 조선말기에 가톨릭교를 斥邪한 것으로 몰았다. ( )
6. 수증기 蒸發로 안개가 형성된다. ( )
7. 졸업을 하려면 학점 履修를 해야 한다. ( )
8. 어머니께서는 寬厚한 인품을 가지셨다. ( )
9. 조선시대 박지원의 호는 燕巖이다. ( )
10. 보고서 작성에 사흘의 猶豫를 받았다. ( )
11. 선생님의 勉勵에 힘입어 열심히 하다. ( )
12. 그와는 尖銳한 대립관계이다. ( )
13. 稚拙한 말싸움은 그만두자. ( )
14. 생명유지하고 성장에 필요한 必須지방산 ( )
15. 경찰 어깨에서 빛나는 肩章 ( )
16. 항상 심사숙고 顧慮해서 결정하다. ( )
17. 부유물로 강물이 凝滯되다. ( )
18. 전문가들은 주가의 漸騰을 예상하고 있다. ( )
19. 메모에 필요한 수첩을 携帶하길 바란다. ( )
20. 이이의 호는 栗谷 이다. ( )

21. 汚染( )
22. 掛念( )
23. 謁見( )
24. 稀微( )
25. 啓蒙( )
26. 抱擁( )
27. 慙愧( )
28. 龜裂( )
29. 橫暴( )
30. 移替( )
31. 飢渴( )
32. 棄却( )
33. 隷書( )
34. 幕僚( )
35. 拔群( )
36. 埋沒( )
37. 獵奇( )
38. 疏漏( )
39. 干涉( )
40. 遵守( )
41. 暢達( )
42. 妥協( )
43. 懇談( )
44. 押韻( )
45. 懷疑( )

※다음 漢字의 訓과 音을 쓰시오.

46. 涯( )
47. 苗( )
48. 屛( )
49. 翼( )
50. 廟( )
51. 汗( )
52. 乃( )
53. 嘗( )
54. 墻( )
55. 孰( )
56. 蔽( )
57. 那( )
58. 析( )
59. 叫( )
60. 雖( )
61. 匹( )
62. 臥( )
63. 尋( )
64. 戚( )
65. 吹( )
66. 稻( )
67. 循( )
68. 逝( )
69. 肯( )
70. 冥( )
71. 庚( )
72. 螢( )

※다음 訓과 音을 가진 漢字를 쓰시오.

73. 남을 잔( )
74. 쌓을 축( )
75. 모양 자( )
76. 닭 계( )
77. 휘두를휘( )

※다음 밑줄 친 漢字語를 漢字로 쓰시오.

78. 7월 17일은 제헌절이다. ( )
79. 서기 2015년의 단기는 4348년이다. ( )
80. 위기가 곧 기회라는 말도 있다. ( )
81. 오랜 공직 생활을 끝내고 은퇴하였다. ( )
82. 책을 통째로 복사하는 것은 不法이다. ( )
83. 會議에서 나의 아이디어가 채택되었다. ( )

84. 먼 길 떠나기 전에 자동차를 미리 정비한다. ( )
85. 사업 확장을 위해 出資金을 증액하였다. ( )
86. 敎育 발전에 기여한 공로로 훈장을 받았다. ( )
87. 남을 비판하기 전에 自身부터 먼저 돌아본다. ( )
88. 모처럼 틈을 내어 全國의 명승지를 유람하였다. ( )
89. 모든 참석자들이 演士의 이야기를 경청하였다. ( )
90. 座席을 예약했더라도 다시 확인할 필요가 있다. ( )
91. 우리나라 항공기가 世界 곳곳에 취항하고 있다. ( )
92. 週 5日 근무제가 되면서 여가 時間이 크게 늘었다. ( )
93. 오랜만에 서커스 구경을 하며 경탄을 금치 못했다. ( )
94. 잘 모르는 單語는 국어사전을 찾아 뜻을 알아본다. ( )
95. 옛날 아버지들은 지금 아버지들보다 위엄이 더 있었다. ( )
96. 全世界 언론이 우리나라 生命工學의 성과를 극찬하였다. ( )
97. 많은 우편물을 부칠 때는 일일이 우표를 붙이지 않아도 된다. ( )

※빈칸에 訓이 같은 한자를 써 넣어 단어를 完成하시오.

98. ( ) - 寂
99. 紛 - ( )
100. ( ) - 聘
101. 墳 - ( )
102. ( ) - 渡
103. 盜 - ( )
104. ( ) - 殃
105. 皮 - ( )
106. ( ) - 倣
107. 倉 - ( )

※첫소리가 장음인 것을 고르시오.

108. ( ) : ①樓閣 ②但只 ③絃樂 ④耕作
109. ( ) : ①賜藥 ②輪番 ③銅像 ④租稅
110. ( ) : ①雷同 ②芳年 ③娘子 ④似而非
111. ( ) : ①聰明 ②加算 ③功勞 ④顯著
112. ( ) : ①吏房 ②毛布 ③亡靈 ④詳述

※다음 漢字와 反對되는 漢字를 써 넣어 單語를 完成하시오.

113. ( ) - 淺
114. 伸 - ( )
115. ( ) - 緯
116. 哀 - ( )
117. ( ) - 捨
118. 朔 - ( )
119. ( ) - 僞
120. ( ) - 益
121. ( ) - 弔
122. ( ) - 怠

※빈 곳에 알맞은 漢字를 써 넣어 四字成語를 完成하시오.

123. ( )言利說
124. 錦衣還( )
125. ( )頭蛇尾
126. 悠悠自( )
127. ( )舟求劍
128. 伯仲之( )
129. 烏( )梨落
130. 咸興( )使
131. 切( )腐心
132. 泥田( )狗

※다음 漢字의 부수를 쓰시오.

133. 雁( )
134. 鼓( )
135. 衡( )
136. 穀( )
137. 載( )

※音은 같으나 뜻이 다른 漢字語를 쓰시오.

138. 曉星 : ( ) 정성을 다하여 부모님을 섬기는 마음
139. 奚琴 : ( ) 금지하던 것을 품
140. 栽培 : ( ) 두 번 절함
141. 寬容 : ( ) 관청에서 사용하는 것
142. 恒久 : ( ) 배가 드나드는 곳

※다음 漢字語의 뜻을 쓰시오.

143. 降福 : ( )
144. 豚舍 : ( )
145. 荷重 : ( )
146. 違約 : ( )
147. 姪婦 : ( )

※다음 漢字의 略字는 正字로, 正字는 略字로 쓰시오.

148. 珎( )
149. 囲( )
150. 勸( )

4級 II ▷중간점검용◁ 정답 p67

①	②	③	④	⑤
거리 가 ( )	그릇 기 ( )	두 량 ( )	벌할 벌 ( )	형상 상 ( ) 문서 장
거짓 가 ( )	일어날 기 ( )	고울 려 ( )	칠 벌 ( )	떳떳할 상 ( )
덜 감 ( )	따뜻할 난 ( )	이을 련 ( )	벽 벽 ( )	상 상 ( )
볼 감 ( )	어려울 난 ( )	벌릴 렬 ( )	가 변 ( )	생각 상 ( )
편안 강 ( )	성낼 노 ( )	기록할 록 ( )	갚을 보 ( )	베풀 설 ( )
욀 강 ( )	힘쓸 노 ( )	논할 론 ( )	걸음 보 ( )	별 성 ( )
낱 개 ( )	끊을 단 ( )	머무를 류 ( )	보배 보 ( )	성인 성 ( )
검사할 검 ( )	끝 단 ( )	법칙 률 ( )	지킬 보 ( )	성할 성 ( )
깨끗할 결 ( )	박달나무 단 ( )	찰 만 ( )	회복할 복 다시 부 ( )	소리 성 ( )
이지러질 결 ( )	홑 단 ( )	줄기 맥 ( )	마을 부 ( )	재 성 ( )
경사 경 ( )	통달할 달 ( )	터럭 모 ( )	며느리 부 ( )	정성 성 ( )
깨우칠 경 ( )	멜 담 ( )	칠 목 ( )	버금 부 ( )	가늘 세 ( )
지경 경 ( )	무리 당 ( )	호반 무 ( )	부자 부 ( )	세금 세 ( )
지날 경 ( )	띠 대 ( )	힘쓸 무 ( )	부처 불 ( )	형세 세 ( )
맬 계 ( )	무리 대 ( )	맛 미 ( )	갖출 비 ( )	본디 소 ( )
연고 고 ( )	인도할 도 ( )	아닐 미 ( )	날 비 ( )	쓸 소 ( )
벼슬 관 ( )	감독할 독 ( )	빽빽할 밀 ( )	슬플 비 ( )	웃음 소 ( )
구할 구 ( )	독 독 ( )	넓을 박 ( )	아닐 비 ( )	이을 속 ( )
글귀 구 ( )	구리 동 ( )	막을 방 ( )	가난할 빈 ( )	풍속 속 ( )
연구할 구 ( )	말 두 ( )	방 방 ( )	사례할 사 ( )	보낼 송 ( )
집 궁 ( )	콩 두 ( )	찾을 방 ( )	스승 사 ( )	거둘 수 ( )
권세 권 ( )	얻을 득 ( )	나눌 배 ( )	절 사 ( )	닦을 수 ( )
극진할 극 ( )	등 등 ( )	등 배 ( )	집 사 ( )	받을 수 ( )
금할 금 ( )	벌릴 라 ( )	절 배 ( )	죽일 살 감할 쇄 ( )	줄 수 ( )

4급Ⅱ 중간점검용

⑥	⑦	⑧	⑨	⑩
지킬 수 ( )	갈 왕 ( )	정사 정 ( )	참 진 ( )	쌀 포 ( )
순수할순 ( )	노래 요 ( )	정할 정 ( )	버금 차 ( )	사나울폭 모질 포 ( )
이을 승 ( )	얼굴 용 ( )	건널 제 ( )	살필 찰 ( )	표 표 ( )
베풀 시 ( )	둥글 원 ( )	끌 제 ( )	비롯할창 ( )	풍년 풍 ( )
볼 시 ( )	인원 원 ( )	절제할제 ( )	곳 처 ( )	한할 한 ( )
시 시 ( )	지킬 위 ( )	즈음 제 ( )	청할 청 ( )	배 항 ( )
시험 시 ( )	할 위 ( )	덜 제 ( )	다 총 ( )	항구 항 ( )
이 시 ( )	고기 육 ( )	제사 제 ( )	총 총 ( )	풀 해 ( )
쉴 식 ( )	은혜 은 ( )	지을 제 ( )	모을 축 ( )	시골 향 ( )
납 신 ( )	그늘 음 ( )	도울 조 ( )	쌓을 축 ( )	향기 향 ( )
깊을 심 ( )	응할 응 ( )	새 조 ( )	벌레 충 ( )	빌 허 ( )
눈 안 ( )	옳을 의 ( )	이를 조 ( )	충성 충 ( )	시험할험 ( )
어두울암 ( )	의논할의 ( )	지을 조 ( )	가질 취 ( )	어질 현 ( )
누를 압 ( )	옮길 이 ( )	높을 존 ( )	헤아릴측 ( )	피 혈 ( )
진 액 ( )	더할 익 ( )	마루 종 ( )	다스릴치 ( )	화할 협 ( )
양 양 ( )	끌 인 ( )	달릴 주 ( )	둘 치 ( )	은혜 혜 ( )
같을 여 ( )	도장 인 ( )	대 죽 ( )	이 치 ( )	좋을 호 ( )
남을 여 ( )	알 인 ( )	준할 준 ( )	침노할침 ( )	도울 호 ( )
거스릴역 ( )	막을 장 ( )	무리 중 ( )	쾌할 쾌 ( )	부를 호 ( )
펼 연 ( )	장수 장 ( )	더할 증 ( )	모습 태 ( )	집 호 ( )
갈 연 ( )	낮을 저 ( )	가리킬지 ( )	거느릴통 ( )	재물 화 ( )
연기 연 ( )	대적할적 ( )	뜻 지 ( )	물러날퇴 ( )	굳을 확 ( )
영화 영 ( )	밭 전 ( )	이를 지 ( )	깨뜨릴파 ( )	돌아올회 ( )
재주 예 ( )	끊을 절 ( )	지탱할지 ( )	물결 파 ( )	마실 흡 ( )
그르칠오 ( )	이을 접 ( )	직분 직 ( )	대포 포 ( )	일 흥 ( )
구슬 옥 ( )	길 정 ( )	나아갈진 ( )	베 포 보시 보 ( )	바랄 희 ( )

第17回 한자능력검정시험 3급

(시험시간 : 60분)

※밑줄 친 漢字語 또는 제시된 漢字語의 讀音을 쓰시오.

1. 온 가족이 모여 <u>濯足</u>하기로 했다. (　　)
2. 원뿔 모양으로 쌓여서 형성된 언덕 <u>泥丘</u> (　　)
3. 그는 맥아더장군의 <u>幕僚</u>였다. (　　)
4. <u>嫌惡</u>의 감정을 잘 드러내지 않는다. (　　)
5. 그 사람은 행동이 <u>愚鈍</u>하다. (　　)
6. 첼로의 <u>絃樂</u>을 들으며 커피한잔. (　　)
7. <u>釋誕</u>일에는 연등을 달고 기도한다. (　　)
8. 회사에서는 무능력자를 <u>逐出</u>하다. (　　)
9. 원고 <u>依賴</u>를 받고 글을 쓰다. (　　)
10. 중국 청나라 고종 때의 연호 <u>乾隆</u> (　　)
11. 높새바람의 영향으로 <u>旱害</u>를 입다. (　　)
12. 그는 문무 <u>兼備</u>의 호방한 선비였다. (　　)
13. 두 사람은 <u>牽聯</u>을 보는 사이다. (　　)
14. 회의 진행 중 양분되어 <u>廢論</u>되다. (　　)
15. 모를 옮겨 심지 않고 <u>直播</u>하는 방법도 있다. (　　)
16. <u>劣敗</u>의 원인은 연습 부족에서 찾을 수 있다. (　　)
17. 회장단의 결정은 <u>熟慮</u>한 결과다. (　　)
18. 사회적 <u>弊端</u>을 막고자 캠페인을 벌였다. (　　)
19. 성질이 급하여 항상 <u>輕率</u>하다. (　　)
20. 장마가 끝나자 무더위의 <u>猛襲</u>이 이어졌다. (　　)
21. 刺殺 (　　)
22. 陷沒 (　　)
23. 間隔 (　　)
24. 銳利 (　　)
25. 奇怪 (　　)
26. 停滯 (　　)
27. 泣訴 (　　)
28. 寡守 (　　)
29. 濫獲 (　　)
30. 涉獵 (　　)
31. 提携 (　　)
32. 下賜 (　　)
33. 盟邦 (　　)
34. 榮譽 (　　)
35. 軌跡 (　　)
36. 懲治 (　　)
37. 誇示 (　　)
38. 鑄造 (　　)
39. 癸亥 (　　)
40. 健脚 (　　)
41. 暗誦 (　　)
42. 削奪 (　　)
43. 霧散 (　　)
44. 龜鑑 (　　)
45. 享年 (　　)

※다음 漢字의 訓과 音을 쓰시오.

46. 汝 (　　)
47. 枯 (　　)
48. 屛 (　　)
49. 舟 (　　)
50. 腰 (　　)
51. 侮 (　　)
52. 軒 (　　)
53. 枕 (　　)
54. 屯 (　　)
55. 岳 (　　)
56. 臭 (　　)
57. 罷 (　　)
58. 誓 (　　)
59. 翁 (　　)
60. 姪 (　　)
61. 忘 (　　)
62. 頻 (　　)
63. 跳 (　　)
64. 那 (　　)
65. 冥 (　　)
66. 辨 (　　)
67. 遣 (　　)
68. 似 (　　)
69. 粟 (　　)
70. 崩 (　　)
71. 伸 (　　)
72. 憐 (　　)

※다음 訓音으로 연결된 單語를 漢字로 쓰시오.

73. 층계 단 - 섬돌 계 [　　]
74. 무덤 묘 - 비석 비 [　　]
75. 구를 전 - 옮길 이 [　　]
76. 거짓 가 - 터럭 발 [　　]
77. 기릴 찬 - 말씀 사 [　　]
78. 벗을 탈 - 곡식 곡 [　　]
79. 나아갈진 - 길 로 [　　]
80. 눈 안 - 거울 경 [　　]
81. 막을 방 - 범할 범 [　　]
82. 법 범 - 에워쌀 위 [　　]

※音은 같으나 뜻이 다른 漢字語를 쓰시오.

83. 誘致 : (　　) 젖니.
84. 醫師 : (　　) 의로운 지사.
85. 私議 : (　　) 감사하게 여기는 뜻.
86. 直腸 : (　　) 맡은 일을 하는 일터.
87. 工員 : (　　) 공중의 휴양을 위해 만든 정원.

※다음 단어 중 첫소리가 장음인 것을 5개 고르시오.

①姦淫 ②合心 ③喪家 ④恐龍 ⑤隊長
⑥附記 ⑦簡便 ⑧私食 ⑨潛水 ⑩貸付
⑪包裝 ⑫從屬 ⑬報答 ⑭操作 ⑮開發

88. (　　　) 89. (　　　) 90. (　　　)
91. (　　　) 92. (　　　)

※다음 밑줄 친 단어를 漢字로 쓰시오.

93. 철수의 취미는 등산이다.
　　　　　　　　　　(　　　　　)
94. 올해는 대통령 선거가 있다.
　　　　　　　　　　(　　　　　)
95. 올해 강설량이 역대 최고이다.
　　　　　　　　　　(　　　　　)
96. 통장에 잔액이 별로 남지 않았다.
　　　　　　　　　　(　　　　　)
97. 미래 지향적인 삶을 살기 바란다.
　　　　　　　　　　(　　　　　)
98. 임원을 대폭 감축하기로 결정했다.
　　　　　　　　　　(　　　　　)
99. 가까운 친구 사이에도 비밀은 있다.
　　　　　　　　　　(　　　　　)
100. 나는 계절이 바뀔 때마다 감기에 걸린다.
　　　　　　　　　　(　　　　　)
101. 노조는 임금 인상을 위한 투쟁을 벌였다.
　　　　　　　　　　(　　　　　)
102. 창업을 하려면 우선 재원을 확보해야 한다.
　　　　　　　　　　(　　　　　)
103. 질문 있는 학생들은 교수 연구실로 오세요.
　　　　　　　　　　(　　　　　)
104. 담배를 팔 때에는 신분증을 확인해야 한다.
　　　　　　　　　　(　　　　　)
105. 자녀는 어마어마한 유산을 상속받게 되었다.
　　　　　　　　　　(　　　　　)
106. 오빠는 수학 공식을 명쾌하게 설명해 주었다.
　　　　　　　　　　(　　　　　)
107. 학생들을 바른 길로 인도하기 위해 애쓰셨다.
　　　　　　　　　　(　　　　　)

※다음 漢字의 反對字를 쓰시오.

108. (　　　)-暖　109. (　　　)-僞
110. (　　　)-濁　111. (　　　)-富
112. (　　　)-益　113. (　　　)-悲
114. (　　　)-卒　115. 胸-(　　　)
116. (　　　)-畓　117. 送-(　　　)

※다음 類義字를 써서 單語를 完成하시오.

118. (　　　)-蓄　119. 販-(　　　)
120. (　　　)-察　121. 顯-(　　　)
122. (　　　)-梁　123. 尊-(　　　)
124. 戀-(　　　)　125. 扶-(　　　)
126. 壽-(　　　)　127. 審-(　　　)

※다음 (　)안에 漢字를 써서 완성하시오.

128. 森羅萬(　　) 129. (　　)靑沙器
130. 如履薄(　　) 131. (　　)竹之勢
132. 千載一(　　) 133. 告(　　)聖事
134. 斯文亂(　　) 135. 絶海(　　)島
136. 騷人墨(　　) 137. 橫斷(　　)道

※다음 漢字語의 뜻을 쓰시오.

138. 被檢:(　　　　　　　　　　)
139. 編著:(　　　　　　　　　　)
140. 旬葬:(　　　　　　　　　　)
141. 古稀:(　　　　　　　　　　)
142. 午睡:(　　　　　　　　　　)

※다음 漢字의 部首를 쓰시오.

143. 孰(　　) 144. 須(　　) 145. 嘗(　　)
146. 舞(　　) 147. 騰(　　)

※다음 略字는 正字로, 正字는 略字로 쓰시오.

148. 廳(　　) 149. 條(　　) 150. 伝(　　)

第18回 한자능력검정시험 3급

(시험시간 : 60분)

※밑줄 친 漢字語 또는 제시된 漢字語의 讀音을 쓰시오.

1. 干拓을 통해 국토를 넓히고 있다. (　　)
2. 고종황제는 러시아공관으로 播遷했다. (　　)
3. 탈세 嫌疑로 조사를 받았다. (　　)
4. 선인장은 耐旱과 내열의 특징이 있다. (　　)
5. 장희빈은 賜藥을 받고 일생을 마쳤다. (　　)
6. 죄는 미우나 恕諒으로 풀어주다. (　　)
7. 사랑이 큰 만큼 煩惱도 크다. (　　)
8. 조그마한 구멍에서 龜裂이 생긴다. (　　)
9. 급한 마음에 물건을 拙劣하게 만들다. (　　)
10. 억울함을 부디 洞燭 해 주십시오. (　　)
11. 汗蒸막에 들어서면 숨이 막히는 것 같다. (　　)
12. 수해로 많은 인명과 재산이 埋沒되다. (　　)
13. 廉恥 불구하고 통사정 하였다. (　　)
14. 피가 탁해지면 凝滯되기 쉽다. (　　)
15. 공장지대에는 공기 汚染이 심하다. (　　)
16. 민주 언론의 暢達에 앞장서다. (　　)
17. 흥분상태가 尤極 고조되다. (　　)
18. 突厥은 터키계 유목 민족 및 그 국가 (　　)
19. 요번의 실패는 慙愧 할 정도다. (　　)
20. 우리 회사는 便宜시설이 많다. (　　)

21. 誓願(　　)　　22. 寬忍(　　)
23. 誕辰(　　)　　24. 飢渴(　　)
25. 懇祈(　　)　　26. 遲鈍(　　)
27. 遞增(　　)　　28. 幽趣(　　)
29. 移替(　　)　　30. 淚誦(　　)
31. 泣訴(　　)　　32. 癸丑(　　)
33. 刺殺(　　)　　34. 蔬菜(　　)
35. 捕捉(　　)　　36. 胡蝶(　　)
37. 畏懼(　　)　　38. 隣邦(　　)
39. 悠久(　　)　　40. 羽翼(　　)
41. 被逮(　　)　　42. 但只(　　)
43. 栗谷(　　)　　44. 肩章(　　)
45. 搜索(　　)

※다음 漢字의 訓과 音을 쓰시오.

46. 僅(　　)　　47. 豈(　　)
48. 冥(　　)　　49. 糾(　　)
50. 卯(　　)　　51. 卜(　　)
52. 杯(　　)　　53. 塗(　　)
54. 掠(　　)　　55. 遙(　　)
56. 廟(　　)　　57. 曉(　　)
58. 肯(　　)　　59. 軒(　　)
60. 茫(　　)　　61. 妥(　　)
62. 敍(　　)　　63. 郭(　　)
64. 矢(　　)　　65. 爵(　　)
66. 雛(　　)　　67. 匹(　　)
68. 亨(　　)　　69. 滴(　　)
70. 矣(　　)　　71. 宰(　　)
72. 庸(　　)

※音은 같으나 뜻이 다른 漢字語를 쓰시오.

73. 絶世:(　　) 세금을 덜 냄.
74. 依例:(　　) 행사를 치르는 일정한 법식.
75. 錄音:(　　) 푸른 잎 우거진 나무의 그늘.
76. 報告:(　　) 중요한 물건을 보관하는 곳집.
77. 毒酒:(　　) 홀로 뜀.

※다음 漢字의 反對字를 쓰시오.

78. (　　)-衰　　79. 起-(　　)
80. (　　)-緯　　81. 賞-(　　)
82. (　　)-姪　　83. 朔-(　　)
84. (　　)-怠　　85. 姑-(　　)
86. (　　)-薄　　87. 伸-(　　)

※ 다음 類義字를 써서 單語를 完成하시오.

88. (　　) - 倣
89. 牽 - (　　)
90. (　　) - 固
91. 閱 - (　　)
92. (　　) - 織
93. 賓 - (　　)
94. (　　) - 殃
95. 皮 - (　　)
96. (　　) - 穫
97. 贊 - (　　)

※ 다음 밑줄 친 단어를 漢字로 쓰시오.

98. <u>주역</u>은 사서삼경의 하나다. …… (　　)
99. 군인은 <u>탈영</u>하면 큰 벌을 받는다. …… (　　)
100. 마약류는 언제나 <u>은밀</u>하게 거래된다. …… (　　)
101. <u>위압</u>에 못 이겨 거짓 자백을 하였다. …… (　　)
102. 토의의 목적은 <u>중지</u>를 모으는 데 있다. …… (　　)
103. 군대에서는 <u>취침</u> 시간이 매우 엄격하다. …… (　　)
104. 우리나라도 점차 老年 <u>이혼</u>이 늘어나고 있다. …… (　　)
105. 이라크에서는 여전히 자살 <u>폭탄</u> 테러가 잦다. …… (　　)
106. 國力이 약해지면 주변 강국에 <u>종속</u>될 수 있다. …… (　　)
107. 지원 서류를 봉투에 넣어 대학으로 <u>우송</u>하였다. …… (　　)
108. 心身의 <u>피곤</u>은 쌓이기 전에 풀어주는 것이 좋다. …… (　　)
109. 각종 교통 <u>표지판</u>에 漢字도 병기할 필요가 있다. …… (　　)
110. 의도한 일을 이루었을 때 우리는 <u>환희</u>를 느낀다. …… (　　)
111. 油價가 급등하면서 會社 재정의 <u>결손</u>이 늘어났다. …… (　　)
112. 自古로 인류에 거스르는 범죄는 <u>극형</u>으로 다스린다. …… (　　)
113. 아프리카 몇몇 곳의 內戰은 그 <u>상황</u>이 매우 심각하다. …… (　　)
114. 옥수수에서 뽑아 낸 알코올이 자동차 등의 <u>연료</u>가 된다. …… (　　)
115. 심판의 판정에 지나치게 <u>항의</u>하면 경고를 받을 수 있다. …… (　　)
116. 지구상에는 아직도 <u>탐험대</u>의 발길이 닿지 않은 곳들이 있다. …… (　　)
117. 지구 이외의 별에도 생명체가 존재한다는 것은 <u>추측</u>에 불과하다. …… (　　)

※ 다음 漢字의 反對語를 쓰시오.

118. 閉鎖 - (　　)
119. 必須 - (　　)
120. 承諾 - (　　)
121. 卑賤 - (　　)
122. 偶數 - (　　)

※ 다음 첫소리가 長音인 것을 고르시오.

123. (　　) : ㉮樓閣 ㉯蛇足 ㉰仰祝 ㉱浮刻
124. (　　) : ㉮巖壁 ㉯盤石 ㉰勵行 ㉱飯店
125. (　　) : ㉮丸藥 ㉯閏年 ㉰莊重 ㉱偉大
126. (　　) : ㉮妄想 ㉯腸炎 ㉰流速 ㉱加算
127. (　　) : ㉮幼稚園 ㉯尋訪 ㉰防除 ㉱鳳仙花

※ 다음 (　)안에 漢字를 써서 완성하시오.

128. 孤掌難(　　)
129. 弘(　　)人間
130. 錦衣還(　　)
131. 切(　　)腐心
132. 萬頃蒼(　　)
133. (　　)木求魚
134. 破邪(　　)正
135. (　　)機一髮
136. 甲午(　　)張
137. (　　)恩忘德

※ 다음 漢字語의 뜻을 쓰시오.

138. 崩御 : (　　)
139. 濫獲 : (　　)
140. 掛念 : (　　)
141. 詐降 : (　　)
142. 赴任 : (　　)

※ 다음 漢字의 部首를 쓰시오.

143. 蓋(　　)
144. 棄(　　)
145. 孰(　　)
146. 罔(　　)
147. 雁(　　)

※ 다음 略字는 正字로, 正字는 略字로 쓰시오.

148. 珎(　　)
149. 龍(　　)
150. 與(　　)

第19回 한자능력검정시험 3급

(시험시간 : 60분)

※밑줄 친 漢字語 또는 제시된 漢字語의 讀音을 쓰시오.

1. 행사장에서 낙하산 <u>降下</u> 훈련이 있다. (　　)
2. 그 사람은 평소에도 <u>誇張</u>이 심하다. (　　)
3. 물건값을 <u>割引</u>하면 손님이 몰린다. (　　)
4. 우리 이모는 유행의 <u>尖端</u>을 걷는다. (　　)
5. <u>遊說</u>를 할 때 상대를 비방하면 안 된다. (　　)
6. 청년들이 <u>街販</u>에서 물건을 판다. (　　)
7. 우리집에는 친척이 자주 <u>來往</u>한다. (　　)
8. 어제의 <u>盟邦</u>이 오늘의 적이 되다. (　　)
9. 친구가 연락이 없어 <u>近況</u>을 알 수 없다. (　　)
10. <u>口碑</u>로 전승되는 옛날이야기 (　　)
11. 젊은 시절을 <u>享樂</u>에 빠져 방탕하게 보내다. (　　)
12. 낭송회에서 시를 <u>吟味</u>하다. (　　)
13. 조카가 결혼을 해서 <u>姪婦</u>가 생겼다. (　　)
14. 상대를 속이려는 의도가 있으면 <u>詐欺</u>다. (　　)
15. 사대부 부녀자들의 한글 <u>書簡</u>이 발견되다. (　　)
16. <u>類似</u> 상표에 주의해야 한다. (　　)
17. 대웅전의 분위기는 <u>嚴肅</u>했다. (　　)
18. <u>拘束</u>을 하면 자유가 억제된다. (　　)
19. 둥근 얼굴은 나이 들어도 <u>童顔</u>으로 보인다. (　　)
20. 그 나라 정서에 맞게 작품을 <u>飜案</u>하다. (　　)
21. 頻度 (　　)
22. 冥福 (　　)
23. 連續 (　　)
24. 辨別 (　　)
25. 不惑 (　　)
26. 暗誦 (　　)
27. 乾坤 (　　)
28. 哀惜 (　　)
29. 妥當 (　　)
30. 濁酒 (　　)
31. 堤防 (　　)
32. 破棄 (　　)
33. 踏査 (　　)
34. 禪僧 (　　)
35. 弄談 (　　)
36. 胸像 (　　)
37. 交替 (　　)
38. 決裁 (　　)
39. 渴症 (　　)
40. 桂樹 (　　)
41. 歸還 (　　)
42. 累積 (　　)
43. 凝縮 (　　)
44. 沈潛 (　　)
45. 超脫 (　　)

※다음 漢字의 訓과 音을 쓰시오.

46. 澤 (　　)
47. 跡 (　　)
48. 旦 (　　)
49. 銘 (　　)
50. 泣 (　　)
51. 枕 (　　)
52. 佳 (　　)
53. 眉 (　　)
54. 旬 (　　)
55. 杯 (　　)
56. 蜂 (　　)
57. 凍 (　　)
58. 肥 (　　)
59. 宇 (　　)
60. 墮 (　　)
61. 周 (　　)
62. 諾 (　　)
63. 沒 (　　)
64. 只 (　　)
65. 墳 (　　)
66. 淑 (　　)
67. 壽 (　　)
68. 皮 (　　)
69. 丘 (　　)
70. 森 (　　)
71. 碧 (　　)
72. 翼 (　　)

※다음 밑줄 친 漢字語를 漢字로 쓰시오.

73. 두 사람은 <u>호흡</u>이 척척 맞았다. (　　)
74. 몫을 나누고 난 뒤의 <u>여개</u>는 네가 가져라. (　　)
75. 독사에 물리면 <u>혈맥</u>을 타고 전신에 퍼진다. (　　)
76. 요즘은 <u>박사</u> 학위 고인력자의 백수도 많다. (　　)
77. 집안이 <u>빈궁</u>하여 독학으로 졸업하다. (　　)
78. 권리를 <u>승계</u>하다. (　　)
79. 그의 무례한 행동을 도저히 <u>용납</u>할 수가 없다. (　　)
80. <u>상처</u> 난 부위를 소독하다. (　　)
81. 여러 가지 <u>득실</u>을 따져 결정하기로 했다. (　　)
82. <u>지시</u>에 의하기보다 자발적인 행동이 좋다. (　　)

※다음 漢字의 類義字를 써서 單語를 完成하시오.

83. 凶 - (　　　)　　84. 疲 - (　　　)
85. 奔 - (　　　)　　86. (　　　) - 獨
87. 扶 - (　　　)　　88. 良 - (　　　)
89. (　　　) - 幣　　90. 法 - (　　　)
91. (　　　) - 却　　92. 思 - (　　　)

※다음 밑줄 친 漢字語의 漢字 正字를 쓰시오.

▷영화(93) '밀양(94)'에서는 소도시 밀양의 주민들의 생활과 모습이 디테일하게 그려지고 교회와 기독교도 신성(95)한 장소로써가 아니라 삶에 존재하는 곳으로써 세밀하게 묘사되고 있다. 이런 측면은 이창동 감독(96)의 장기이기도 하며, 칸영화제 여우(97) 주연상(98) 수상자 전도연과 많은 조연들의 탁월한 연기력에 의존(99)하기도 한다.-인터넷신문 <오마이뉴스>(2007. 6. 18) 기사에서-
▷정치권에서 권력의 정통성 시비(100)에서 비롯된 권위주의의 청산(101)은 그대로 기계적인 파급을 거듭했다. 권위(102)와 권위주의를 동질시(103)하는 혼동 속에서 의미보다도 권리가 앞서게 되었고 책임(104)보다도 자유를 앞세우게 되었다. 그 결과(105) 우리 사회에는 권위까지도 설 땅을 잃게 되었다. 사실 지식(106)과 학문의 사회에서 지적·인격적 권위가 인정되지 않는다면 교육은 존립할 수 없게 된다. 이는 산업 기술사회에서도 그대로 적용(107)된다. 미숙련공은 숙련공의 지식과 기술과 경험을 존중해야한다. 거기에서 비로소 기술 전수가 있고 기능 분담이 생기게 된다. 그것이 바로 기술사회의 권위이다.-김대환<권위와 권위주의는 다르다>에서-

93. 영화(　　　)　　94. 밀양(　　　)
95. 신성(　　　)　　96. 감독(　　　)
97. 여우(　　　)　　98. 주연상(　　　)
99. 의존(　　　)　　100. 시비(　　　)
101. 청산(　　　)　　102. 권위(　　　)
103. 동질시(　　　)　　104. 책임(　　　)
105. 결과(　　　)　　106. 지식(　　　)
107. 적용(　　　)

※다음 첫소리가 장음인 것을 순서대로 쓰시오.

㉮雜誌　㉯假拂　㉰祈願　㉱請求　㉲面壁
㉳訓育　㉴落馬　㉵貿易　㉶閑職　㉷盛業

108. (　　　)　　109. (　　　)　　110. (　　　)
111. (　　　)　　112. (　　　)

※다음 漢字의 反對字를 써서 單語를 完成하시오.

113. (　　　) - 怠　　114. 虛 - (　　　)
115. 民 - (　　　)　　116. (　　　) - 僞
117. 動 - (　　　)　　118. (　　　) - 畓
119. 增 - (　　　)　　120. (　　　) - 散
121. 相對 - (　　　)對　　122. 普遍 - (　　　)殊

※다음 (　　　)안에 漢字를 써서 完成하시오.

123. 多多(　　　)善　　124. 斯文亂(　　　)
125. 群(　　　)一鶴　　126. 家電(　　　)品
127. (　　　)死回生　　128. 大慈大(　　　)
129. 臨機(　　　)變　　130. 梁上(　　　)子
131. 美辭麗(　　　)　　132. 牛耳讀(　　　)

※다음 漢字의 部首를 쓰시오.

133. 豚(　　　)　　134. 卿(　　　)　　135. 炭(　　　)
136. 黑(　　　)　　137. 丸(　　　)

※音은 같으나 뜻이 다른 漢字語를 쓰시오.

138. 在庫:(　　　) 다시 생각함.
139. 茶禮:(　　　) 책이나 글 따위에서 벌여 적어 놓은 항목.
140. 淺才:(　　　) 자연의 현상으로 일어나는 재난.
141. 治熱:(　　　) 이가 죽 박혀 있는 열의 생김새.
142. 錄音:(　　　) 푸른 잎이 우거진 나무의 그늘.

※다음 漢字語의 뜻을 쓰시오.

143. 疏明:(　　　)
144. 熟慮:(　　　)
145. 被襲:(　　　)
146. 浮標:(　　　)
147. 蛇足:(　　　)

※다음 略字는 正字로, 正字는 略字로 쓰시오.

148. 舊(　　　)　　149. 斷(　　　)　　150. 黨(　　　)

第20回 한자능력검정시험 3급

(시험시간 : 60분)

※밑줄 친 漢字語 또는 제시된 漢字語의 讀音을 쓰시오.

1. 술에 취해 <u>均衡</u>을 잃고 쓰러졌다. (　　)
2. 개발로 인하여 산림이 <u>毀損</u>되고 있다. (　　)
3. <u>憐憫</u>의 눈길로 그녀를 바라보다. (　　)
4. 석가여래의 <u>誕辰</u>을 축하하다. (　　)
5. 나는 항상 사전을 <u>携帶</u>한다. (　　)
6. 남을 대신 제사를 지내주는 사람을 <u>攝祀</u>라 한다. (　　)
7. 나는 적색 <u>嫌忌</u> 증세가 있다. (　　)
8. 교통사고를 당해 생명이 <u>危篤</u>하다. (　　)
9. 고기를 먹을땐 <u>菜蔬</u>를 같이 먹어라. (　　)
10. 임금이 신하에게 <u>賜謁</u>하다. (　　)
11. 수행 중 <u>寂滅</u>의 경지를 느끼다. (　　)
12. 도인과 같은 풍모에서 <u>幽玄</u>을 느낄 수 있다. (　　)
13. 차가 밀려서 시간이 많이 <u>遲滯</u>되었다. (　　)
14. 폭우로 땅이 <u>陷沒</u>되어 구덩이가 생겼다. (　　)
15. 신년 초에 세운 <u>誓願</u>을 잘 지키자. (　　)
16. 증발량보다 강우량이 많은 <u>濕潤</u>지방. (　　)
17. 방송 출연 <u>依賴</u>를 받고 승낙하다. (　　)
18. 시민들의 <u>呼訴</u>가 잇따르고 있다. (　　)
19. <u>麥芽</u>를 찧어서 식혜재료로 쓴다. (　　)
20. 세심한 면에선 <u>尤甚</u> 꼼꼼한 성격이다. (　　)

21. 聘丈 (　　)
22. 畏懼 (　　)
23. 掠奪 (　　)
24. 斥邪 (　　)
25. 該博 (　　)
26. 癸亥 (　　)
27. 漆布 (　　)
28. 荒淫 (　　)
29. 胡蝶 (　　)
30. 踏襲 (　　)
31. 悔恨 (　　)
32. 軌跡 (　　)
33. 崩壞 (　　)
34. 龜裂 (　　)
35. 涉獵 (　　)
36. 燕巖 (　　)
37. 沈降 (　　)
38. 坤殿 (　　)
39. 卜債 (　　)
40. 尖塔 (　　)
41. 被逮 (　　)
42. 悠久 (　　)
43. 赴任 (　　)
44. 押韻 (　　)
45. 醜貌 (　　)

※다음 漢字의 訓과 音을 쓰시오.

46. 豈 (　　)
47. 竊 (　　)
48. 糾 (　　)
49. 粟 (　　)
50. 厄 (　　)
51. 隸 (　　)
52. 孰 (　　)
53. 埋 (　　)
54. 臥 (　　)
55. 嗚 (　　)
56. 零 (　　)
57. 杯 (　　)
58. 穫 (　　)
59. 騷 (　　)
60. 冒 (　　)
61. 嘗 (　　)
62. 姪 (　　)
63. 析 (　　)
64. 矯 (　　)
65. 躍 (　　)
66. 愈 (　　)
67. 且 (　　)
68. 敏 (　　)
69. 途 (　　)
70. 酉 (　　)
71. 遞 (　　)
72. 怠 (　　)

※다음 밑줄 친 단어를 漢字로 쓰시오.

73. 토의는 다양한 意見을 <u>조정</u>하는 과정이라고 할 수 있다. (　　)
74. 美國등 선진국에는 大學 <u>기여</u> 入學制가 실시되고 있다. (　　)
75. 觀光 <u>유람선</u>들은 그 규모나 시설이 특급호텔 수준이다. (　　)
76. 공은 주로 상대 <u>진영</u>에 있었지만 결국 한 점도 얻지 못했다. (　　)
77. 軍의 지휘관은 부대원들에게 어느 정도 <u>위엄</u>을 보일 필요가 있다. (　　)
78. 장마통에 이부자리 등 <u>침구</u>가 온통 눅눅해졌다. (　　)
79. 서기연도에 2333년을 더하면 <u>단기</u> 연도이다. (　　)
80. <u>피곤</u>에는 쉬는 것이 약이다. (　　)
81. 우리말 호칭은 그 <u>표준</u>을 정하기가 쉽지 않다. (　　)
82. 요즘 時代에도 사람들의 <u>칭송</u>을 듣는 기업가가 적지 않다. (　　)
83. 지나친 공손은 도리어 상대를 <u>부담</u>스럽게 한다. (　　)

84. 자라나는 世代에게 검소한 생활태도를 길러주어야 한다. ………… (   )

85. 文學에서 作品論과 비평은 區別되어야 한다. ………… (   )

86. 여권이 없으면 國外 여행을 할 수 없다. ………… (   )

87. 상대 전력을 오판하여 패배를 불렀다. ………… (   )

※다음 뜻풀이에 맞는 단어를 漢字로 쓰시오.

88. (   )(   ) : 닭의 알.
89. (   )(   ) : 담배를 피움.
90. (   )(   ) : 무덤 앞에 세우는 비석.
91. (   )(   ) : 주로 봄철에 녹다가 남은 눈.
92. (   )(   )(   ) : 주로 미사일 따위의 앞부분에 장착하는 핵폭탄.

※다음 單語의 反意語를 漢字로 쓰시오.

93. 寒冷-(   ) 94. 加重-(   )
95. 滿潮-(   ) 96. 虛僞-(   )
97. 必須-(   )

※다음 같은 뜻의 漢字를 넣어 單語를 完成하시오.

98. (   )-帥   99. 探-(   )
100. 援-(   ) 101. 淨-(   )
102. 販-(   ) 103. 毫-(   )
104. (   )-償 105. (   )-渡
106. (   )-著 107. (   )-磨

※다음 첫소리가 長音인 것을 고르시오.

108. (   ) : ㉮揚名 ㉯賃借 ㉰租界 ㉱奔忙
109. (   ) : ㉮軟性 ㉯遂行 ㉰綿織 ㉱麗謠
110. (   ) : ㉮裁可 ㉯臺詞 ㉰丸藥 ㉱遵法
111. (   ) : ㉮殺到 ㉯漂流 ㉰懷疑 ㉱此際
112. (   ) : ㉮珍珠 ㉯旋律 ㉰把持 ㉱猶豫

※다음 漢字의 反對字를 써 넣어 單語를 完成하시오.

113. 斷-(   ) 114. 送-(   )
115. 喜-(   ) 116. (   )-捨
117. (   )-寡 118. (   )-弔
119. (   )-廢 120. (   )-賤
121. (   )-辱 122. (   )-防

※다음 (   )안에 漢字를 써서 四字成語를 完成하시오.

123. 武陵桃(   ) 124. 縱橫無(   )
125. 昏睡狀(   ) 126. 晚時之(   )
127. 傲霜(   )節 128. 刻(   )難忘
129. 貪(   )汚吏 130. (   )善懲惡
131. (   )遍妥當 132. (   )株待兎

※다음 漢字의 部首를 쓰시오.

133. 梁(   ) 134. 爵(   ) 135. 幕(   )
136. 辯(   ) 137. 暢(   )

※音은 같으나 뜻이 다른 漢字語를 쓰시오.

138. 提起 : (   ) 제사에 쓰는 그릇.
139. 透寫 : (   ) 빛을 쏘아 영상 등을 만듦.
140. 獨奏 : (   ) 독이 든 술.
141. 地藏 : (   ) 일하는데 거치적거리는 장애.
142. 保全 : (   ) 귀중한 책.

※다음 漢字語의 뜻을 각각 5音節 以內로 쓰시오.

143. 候鳥 : (   )
144. 墮淚 : (   )
145. 隱身 : (   )
146. 隣邦 : (   )
147. 頻發 : (   )

※다음 漢字의 略字를 쓰시오.

148. 圍(   ) 149. 龍(   ) 150. 點(   )

성명 [   ]

반대자테스트	( )-廢	( )-罰	賓-( )	( )-絡
姑-( )	( )-寡	( )-益	尋-( )	( )-慮
旦-( )	( )-僞	( )-迎	憎-( )	( )-量
騰-( )	( )-濁	( )-支	販-( )	( )-恨
煩-( )	( )-沒	( )-逆	皇-( )	( )-大
腹-( )	( )-捨	( )-負	( )-謠	( )-任
賓-( )	( )-裏	( )-非	( )-康	( )-聲
疏-( )	( )-愚	( )-危	( )-歷	( )-志
需-( )	( )-薄	( )-陽	( )-層	( )-識
昇-( )	( )-減	( )-他	( )-虛	( )-態
伸-( )	( )-否	( )-亡	( )-實	( )-貨
哀-( )	( )-閉	( )-滅	( )-備	( )-蓄
緩-( )	( )-來	( )-退	( )-衆	( )-鬪
贊-( )	( )-鄕	( )-配	( )-速	( )-作
禍-( )	( )-樂	( )-實	( )-與	( )-織
( )-緯	( )-直	( )-吸	( )-獨	( )-在
( )-弔	( )-過	( )-悲	( )-絶	( )-紅
( )-賤	( )-防	유의자테스트	( )-話	( )-加
( )-怠	( )-私	( )-値	( )-黨	( )-極
( )-醜	( )-民	( )-悟	( )-賊	( )-寶
( )-妻	( )-伏	( )-寧	( )-端	( )-就
( )-熟	( )-易	( )-勵	( )-髮	( )-始
( )-衰	( )-使	( )-匹	( )-守	( )-所
( )-尾	( )-複	( )-互	( )-次	( )-聞
( )-淺	( )-續	( )-濯	( )-困	( )-積
( )-憎	( )-靜	( )-帥	( )-想	( )-伐
( )-辱	( )-失	( )-飾	( )-說	( )-爭
( )-劣	( )-暗	( )-聘	( )-宅	( )-冷
( )-鈍	( )-答	恭-( )	( )-擇	( )-福
( )-免	( )-着	茂-( )	( )-高	( )-和
( )-幼	( )-末	附-( )	( )-設	( )-固
( )-晩	( )-富	扶-( )	( )-目	( )-喜
( )-卑	( )-弟	墳-( )	( )-育	( )-望

3급 반대어테스트 (정답 p70)

반대어테스트		
加入 - ( )	利益 - ( )	韻文 - ( )
却下 - ( )	漠然 - ( )	緯度 - ( )
巨大 - ( )	模倣 - ( )	應答 - ( )
巨富 - ( )	默讀 - ( )	義務 - ( )
儉約 - ( )	未備 - ( )	理性 - ( )
結果 - ( )	薄待 - ( )	抵抗 - ( )
高尙 - ( )	背恩 - ( )	正統 - ( )
公開 - ( )	複雜 - ( )	操心 - ( )
民卑 - ( )	服從 - ( )	拙作 - ( )
光明 - ( )	否決 - ( )	左遷 - ( )
近攻 - ( )	富貴 - ( )	支出 - ( )
肯定 - ( )	不法 - ( )	慘敗 - ( )
旣決 - ( )	副業 - ( )	抽象 - ( )
濫用 - ( )	否認 - ( )	破壞 - ( )
內包 - ( )	分離 - ( )	閉鎖 - ( )
短縮 - ( )	悲觀 - ( )	布衣 - ( )
郊外 - ( )	悲哀 - ( )	被動 - ( )
獨白 - ( )	散在 - ( )	被害 - ( )
冷却 - ( )	疏遠 - ( )	虛僞 - ( )
連結 - ( )	小人 - ( )	革新 - ( )
靈魂 - ( )	承諾 - ( )	現實 - ( )
流動 - ( )	勝利 - ( )	形式 - ( )
	偶然 - ( )	擴大 - ( )

성명 [   ]

약자테스트	黨 - ( )	師 - ( )	條 - ( )	훈음테스트
價 - ( )	當 - ( )	狀 - ( )	卒 - ( )	盖 - ( )
假 - ( )	對 - ( )	聲 - ( )	從 - ( )	龟 - ( )
覺 - ( )	圖 - ( )	屬 - ( )	畫 - ( )	弃 - ( )
據 - ( )	獨 - ( )	肅 - ( )	證 - ( )	励 - ( )
擧 - ( )	讀 - ( )	實 - ( )	盡 - ( )	恋 - ( )
傑 - ( )	燈 - ( )	兒 - ( )	珍 - ( )	联 - ( )
檢 - ( )	樂 - ( )	壓 - ( )	參 - ( )	猎 - ( )
堅 - ( )	亂 - ( )	藥 - ( )	處 - ( )	灵 - ( )
輕 - ( )	來 - ( )	樣 - ( )	鐵 - ( )	麦 - ( )
繼 - ( )	兩 - ( )	與 - ( )	廳 - ( )	梦 - ( )
觀 - ( )	勞 - ( )	豫 - ( )	體 - ( )	甞 - ( )
關 - ( )	龍 - ( )	藝 - ( )	總 - ( )	釈 - ( )
廣 - ( )	離 - ( )	圍 - ( )	蟲 - ( )	寿 - ( )
鑛 - ( )	萬 - ( )	應 - ( )	齒 - ( )	双 - ( )
舊 - ( )	滿 - ( )	醫 - ( )	稱 - ( )	塩 - ( )
區 - ( )	賣 - ( )	殘 - ( )	彈 - ( )	窃 - ( )
國 - ( )	發 - ( )	雜 - ( )	擇 - ( )	斉 - ( )
勸 - ( )	變 - ( )	將 - ( )	學 - ( )	铸 - ( )
權 - ( )	邊 - ( )	轉 - ( )	解 - ( )	迁 - ( )
歸 - ( )	佛 - ( )	戰 - ( )	虛 - ( )	醉 - ( )
團 - ( )	辭 - ( )	點 - ( )	顯 - ( )	柒 - ( )
擔 - ( )	寫 - ( )	濟 - ( )	畫 - ( )	献 - ( )

3급 약자테스트 (정답 p71)

고사성어테스트

街( )巷說	言( )是也	佳人薄( )	生者( )滅
減之又( )	( )枯盛衰	刻舟( )劍	雪上( )霜
擧( )齊眉	五( )霧中	蓋( )之才	愼終( )始
乾坤( )氣	吾( )三尺	堅忍( )拔	( )山幽谷
乞人憐( )	傲霜( )節	兼人之( )	( )兆蒼生
牽( )附會	搖之不( )	骨( )相殘	吳越( )舟
經天緯( )	( )蛇飛騰	冠婚喪( )	龍( )蛇尾
高枕安( )	遠禍召( )	群鷄( )鶴	愚公( )山
( )蜜腹劍	唯我( )尊	群( )割據	悠悠( )適
口尙( )臭	( )臭萬年	君子三( )	人( )獸心
幾( )死境	吟( )弄月	金蘭之( )	一日之( )
( )必有隣	泥( )鬪狗	錦衣( )行	一觸卽( )
道聽塗( )	一蓮托( )	亂( )賊子	立身揚( )
梅蘭菊( )	日暮途( )	( )柔外剛	( )脫不及
傍若( )人	一( )百穀	同族( )殘	縱橫( )盡
( )八煩惱	一( )片舟	莫( )之友	( )衝右突
夫唱( )隨	( )愧之心	孟( )三遷	天高( )肥
四顧無( )	自( )自棄	目不忍( )	( )載一遇
喪( )之狗	長幼有( )	尾生之( )	( )刀亂麻
塞翁之( )	( )鹿爲馬	百( )無策	( )裏不同
生而( )之	此( )彼日	不恥下( )	彼此( )般
乘( )長驅	飽食( )衣	沙( )樓閣	下( )上臺
謁( )及第	咸( )差使	三旬九( )	浩( )之氣
	軒軒丈( )	三從之( )	厚顔( )恥

기출예상문제[가]   漢字能力檢定試驗   3級 問題紙

(社)韓國語文會・韓國漢字能力檢定會   (시험시간 : 60분)   수험생에 의하여 재편집되었습니다.

※ 다음 漢字語의 讀音을 쓰시오.

1. 暢達(　　)   2. 崩壞(　　)
3. 癸丑(　　)   4. 秒針(　　)
5. 尖銳(　　)   6. 埋沒(　　)
7. 龜裂(　　)   8. 濕潤(　　)
9. 抱擁(　　)   10. 拙劣(　　)
11. 更新(　　)   12. 庚戌(　　)
13. 慙愧(　　)   14. 奚琴(　　)
15. 錯誤(　　)   16. 災殃(　　)
17. 畏敬(　　)   18. 陷害(　　)
19. 涉獵(　　)   20. 苟且(　　)
21. 棄却(　　)   22. 但只(　　)
23. 便易(　　)   24. 突厥(　　)
25. 延滯(　　)   26. 燕巖(　　)
27. 尤甚(　　)   28. 廉探(　　)
29. 掠奪(　　)   30. 毁節(　　)
31. 携帶(　　)   32. 菜蔬(　　)
33. 斥邪(　　)   34. 謁見(　　)
35. 誕辰(　　)   36. 疑懼(　　)
37. 遲參(　　)   38. 押韻(　　)
39. 攝取(　　)   40. 逝去(　　)
41. 彈奏(　　)   42. 惡寒(　　)
43. 迷惑(　　)   44. 覆蓋(　　)
45. 軌跡(　　)

※ 다음 漢字의 訓과 音을 쓰시오.

46. 昔(　　)   47. 豈(　　)
48. 誰(　　)   49. 獵(　　)
50. 瓦(　　)   51. 傲(　　)
52. 斯(　　)   53. 矢(　　)
54. 析(　　)   55. 予(　　)
56. 罔(　　)   57. 雖(　　)
58. 敏(　　)   59. 稻(　　)
60. 肯(　　)   61. 那(　　)
62. 叫(　　)   63. 粟(　　)
64. 厄(　　)   65. 竊(　　)
66. 朔(　　)   67. 涯(　　)
68. 鳴(　　)   69. 匹(　　)
70. 嫌(　　)   71. 爵(　　)
72. 屛(　　)

※ 다음 밑줄 친 漢字語를 漢字로 쓰시오.

73. 위기가 곧 기회라는 말도 있다.
　　　　　　　　　　(　　　　　)
74. 여름이면 온 산에 녹음이 짙다.
　　　　　　　　　　(　　　　　)
75. 여유 자금을 은행에 저축하였다.
　　　　　　　　　　(　　　　　)
76. 몸이 피곤하면 모든 일이 귀찮다.
　　　　　　　　　　(　　　　　)
77. 산의 나무를 도벌하면 벌 받는다.
　　　　　　　　　　(　　　　　)
78. 가까운 친구 사이에도 비밀은 있다.
　　　　　　　　　　(　　　　　)
79. 어른들은 언제나 어린이를 보호해야 한다.
　　　　　　　　　　(　　　　　)
80. 밀, 콩 등 많은 양곡을 수입에 의존한다.
　　　　　　　　　　(　　　　　)
81. 문장을 간결하게 쓰는 일은 쉽지 않다.
　　　　　　　　　　(　　　　　)
82. 4.19때 젊은이들은 불의에 항거하여 싸웠다.
　　　　　　　　　　(　　　　　)
83. 별들이 제 궤도를 이탈하는 일은 거의 없다.
　　　　　　　　　　(　　　　　)
84. 집을 튼튼히 지으려면 철근을 제대로 써야 한다.
　　　　　　　　　　(　　　　　)
85. 쿠테타가 발생하면 으레 계엄령이 선포된다.
　　　　　　　　　　(　　　　　)
86. 어떤 이들은 죄 짓고 海外로 도피하여 버젓이 산다.
　　　　　　　　　　(　　　　　)

87. 공작새가 날개를 펴고 아름다운 <u>자태</u>를 뽐낸다. ……………………………… (　　　)
88. 우리나라의 對日 무역 <u>역조</u>는 여전히 심각하다. ……………………………… (　　　)
89. 상담자는 무엇보다도 내담자의 이야기를 <u>경청</u>한다. ……………………………… (　　　)
90. 정신없이 바쁘다가 모처럼 <u>한가</u>한 시간을 가진다. ……………………………… (　　　)
91. 몽골인들의 말타기 곡예가 사람들의 <u>경탄</u>을 자아냈다. …………… (　　　)
92. 우주선의 외벽이 일부 <u>파손</u>되었지만 무사히 귀환하였다. …………… (　　　)
93. 외진 길의 <u>방범</u> 카메라가 시민들의 안전에 도움이 된다. ………… (　　　)
94. 학교를 졸업해도 <u>취직</u>을 못해 어려움 당하는 이들이 많다. ……… (　　　)
95. 물 담긴 투명 그릇을 통해 빛의 <u>굴절</u>을 관찰할 수 있다. ………… (　　　)
96. 어린 學生의 인상적인 연주에 평론가들의 <u>격찬</u>이 이어졌다. …………… (　　　)
97. 군에서 <u>제대</u>하고 곧바로 복학하면 한동안 적응하느라 힘들다. ……… (　　　)

※같은 뜻의 漢字를 써 單語를 完成하시오.

98. (　　　) - 悅　　99. 閱 - (　　　)
100. (　　　) - 著　　101. 贈 - (　　　)
102. (　　　) - 飾　　103. 牽 - (　　　)
104. (　　　) - 聘　　105. 毫 - (　　　)
106. (　　　) - 寂　　107. 皮 - (　　　)

※反對·相對되는 漢字로 單語를 完成하시오.

108. (　　　) - 廢　　109. 伸 - (　　　)
110. (　　　) - 卑　　111. 緩 - (　　　)
112. (　　　) - 緯　　113. 送 - (　　　)
114. (　　　) - 怠　　115. 起 - (　　　)
116. (　　　) - 薄　　117. 哀 - (　　　)

※다음 故事成語를 完成하시오.

118. 拔本塞(　　　)　　119. 貪(　　　)汚吏
120. 千載一(　　　)　　121. 焉(　　　)生心
122. 姉妹結(　　　)　　123. 烏(　　　)梨落
124. (　　　)寡不敵　　125. 事必(　　　)正
126. (　　　)恩忘德　　127. 克己(　　　)禮

※첫소리가 장음인 것을 고르시오.

128. (　　　)：①宇宙 ②沈默 ③輪番 ④僞善
129. (　　　)：①銅錢 ②付書 ③傳說 ④園藝
130. (　　　)：①樓閣 ②芳年 ③打線 ④慣性
131. (　　　)：①遵行 ②娘子 ③墳墓 ④狂奔
132. (　　　)：①昏絶 ②曾孫 ③加算 ④使臣

※音은 같으나 뜻이 다른 漢字語를 쓰시오.

133. 享受：(　　　　　　　　　)
134. 恒久：(　　　　　　　　　)
135. 漸騰：(　　　　　　　　　)
136. 極端：(　　　　　　　　　)
137. 勇氣：(　　　　　　　　　)

※다음 한자어의 뜻을 쓰시오.

138. 互讓：(　　　　　　　　　)
139. 泣訴：(　　　　　　　　　)
140. 候鳥：(　　　　　　　　　)
141. 飢渴：(　　　　　　　　　)
142. 掛念：(　　　　　　　　　)

※다음 漢字의 部首를 쓰시오.

143. 照(　　　) 144. 坐(　　　) 145. 當(　　　)
146. 臺(　　　) 147. 鴻(　　　)

※다음 漢字의 正字는 略字로, 略字는 正字로 쓰시오.

148. 屬(　　　) 149. 称(　　　) 150. 圍(　　　)

기출예상문제[나] 漢字能力檢定試驗 3級 問題紙

(社)韓國語文會·韓國漢字能力檢定會　　(시험시간 : 60분)　　수험생에 의하여 재편집되었습니다.

※ 다음 漢字語의 讀音을 쓰시오.

1. 竝列 (　　)　2. 嫌疑 (　　)
3. 丙戌 (　　)　4. 謁見 (　　)
5. 提携 (　　)　6. 泣訴 (　　)
7. 漏電 (　　)　8. 掛念 (　　)
9. 涉獵 (　　)　10. 誇張 (　　)
11. 妥協 (　　)　12. 覆蓋 (　　)
13. 踏橋 (　　)　14. 疏遠 (　　)
15. 龜鑑 (　　)　16. 透徹 (　　)
17. 排斥 (　　)　18. 巧妙 (　　)
19. 互換 (　　)　20. 赴任 (　　)
21. 頻繁 (　　)　22. 墮獄 (　　)
23. 畏懼 (　　)　24. 奚琴 (　　)
25. 錯覺 (　　)　26. 弔喪 (　　)
27. 廢棄 (　　)　28. 桂皮 (　　)
29. 姦淫 (　　)　30. 詐欺 (　　)
31. 肯諾 (　　)　32. 睡眠 (　　)
33. 毁慕 (　　)　34. 督促 (　　)
35. 慙愧 (　　)　36. 癸丑 (　　)
37. 該博 (　　)　38. 參酌 (　　)
39. 聘丈 (　　)　40. 拓本 (　　)
41. 揮毫 (　　)　42. 吟誦 (　　)
43. 尖銳 (　　)　44. 狀啓 (　　)
45. 崩御 (　　)

※ 다음 漢字의 訓과 音을 쓰시오.

46. 墻 (　　)　47. 祥 (　　)
48. 析 (　　)　49. 債 (　　)
50. 稻 (　　)　51. 屛 (　　)
52. 遵 (　　)　53. 冥 (　　)
54. 殉 (　　)　55. 庶 (　　)
56. 誰 (　　)　57. 須 (　　)
58. 瓦 (　　)　59. 且 (　　)
60. 宰 (　　)　61. 孰 (　　)
62. 鳴 (　　)　63. 乃 (　　)
64. 蔽 (　　)　65. 鴻 (　　)
66. 竊 (　　)　67. 翼 (　　)
68. 叫 (　　)　69. 遣 (　　)
70. 循 (　　)　71. 旱 (　　)
72. 忌 (　　)

※ 다음 밑줄 친 漢字語를 漢字로 쓰시오.

73. 학교의 환경이 <u>쾌적</u>하다.
　　　　　　　　(　　　　　)
74. 친구의 실수로 나는 <u>곤경</u>에 빠졌다.
　　　　　　　　(　　　　　)
75. 달리기에서 넘어져 도중 <u>부상</u>을 입었다.
　　　　　　　　(　　　　　)
76. <u>경주</u>는 신라의 도읍지다.
　　　　　　　　(　　　　　)
77. 우리몸은 많은 <u>세포</u>들로 이루어져 있다.
　　　　　　　　(　　　　　)
78. <u>이역</u> 만리에서 고향을 그리워하다.
　　　　　　　　(　　　　　)
79. 정부에서는 한해 <u>예산</u>을 잘 짜야 한다.
　　　　　　　　(　　　　　)
80. <u>검소</u>한 생활을 하자.
　　　　　　　　(　　　　　)
81. 나는 은행 <u>통장</u>이 여러 개이다.
　　　　　　　　(　　　　　)
82. 외세의 <u>탄압</u>에 시달리다.
　　　　　　　　(　　　　　)
83. 나의 취미는 <u>우표</u> 수집이다.
　　　　　　　　(　　　　　)
84. 군대는 <u>취침</u> 시간이 일정하다.
　　　　　　　　(　　　　　)
85. 난국일 때는 계엄령을 <u>선포</u>한다.
　　　　　　　　(　　　　　)
86. 몸이 아파 <u>결석</u> 했다.
　　　　　　　　(　　　　　)

87. 월드컵 4강에 온 나라가 환희에 차다.
    ( )
88. 조립품이 오차가 없이 딱 맞았다.
    ( )
89. 나는 삶은 계란을 좋아한다.
    ( )
90. 6월 6일은 현충일 이다.
    ( )
91. 싸울 때는 배수진이 필요하다.
    ( )
92. 현 직장에서 은퇴하다.
    ( )
93. 한 기업인이 성실한 납세자로 선정되다.
    ( )
94. 위인을 숭배하는 것은 좋은 것이다.
    ( )
95. 왕건이 세운 나라는 고려이다.
    ( )
96. 요즘 이혼이 급증하고 있는 추세다.
    ( )
97. 폭력이 난무하는 사회는 바로 잡아야 한다.
    ( )

※ 같은 뜻의 漢字를 써 單語를 完成하시오.

98. 皇 - ( )   99. ( ) - 穫
100. 販 - ( ) 101. ( ) - 綱
102. 墳 - ( ) 103. ( ) - 黨
104. 尋 - ( ) 105. ( ) - 償
106. 憂 - ( ) 107. ( ) - 織

※ 첫소리가 장음인 것을 고르시오.

108. ( ) : ①傾注 ②班常 ③概要 ④沙器
109. ( ) : ①鈍感 ②聲援 ③波及 ④兒童
110. ( ) : ①巡察 ②安靜 ③謀議 ④否決
111. ( ) : ①倫理 ②普遍 ③防衛 ④壽命
112. ( ) : ①整備 ②鉛筆 ③愚民 ④聰明

※ 反對・相對되는 漢字로 單語를 完成하시오.

113. ( ) - 益   114. ( ) - 薄
115. ( ) - 濁   116. ( ) - 晚
117. ( ) - 辱   118. ( ) - 衰
119. ( ) - 凶   120. ( ) - 賤
121. ( ) - 寡   122. ( ) - 醜

※ 다음 故事成語를 完成하시오.

123. ( )餘之策   124. 群雄割( )
125. ( )善懲惡   126. 傲霜孤( )
127. 附( )雷同   128. 拍掌大( )
129. 桑( )碧海   130. 武陵桃( )
131. 抱腹( )倒   132. 刻舟( )劍

※ 다음 漢字의 部首를 쓰시오.

133. 辯( ) 134. 歲( ) 135. 肩( )
136. 炭( ) 137. 嘗( )

※ 音은 같으나 뜻이 다른 漢字語를 쓰시오.

138. 遲延( )   139. 官契( )
140. 訟事( )   141. 抄錄( )
142. 保釋( )

※ 다음 漢字語의 뜻을 쓰시오.

143. 偶數 : ( )
144. 貢獻 : ( )
145. 燒却 : ( )
146. 曉星 : ( )
147. 渡河 : ( )

※ 다음 漢字의 正字는 略字로, 略字는 正字로 쓰시오.

148. 廳( ) 149. 点( ) 150. 証( )

기출예상문제[다] 漢字能力檢定試驗 3級 問題紙

(社)韓國語文會・韓國漢字能力檢定會　　（시험시간：60분）　　수험생에 의하여 재편집되었습니다.

※ 다음 漢字語의 讀音을 쓰시오.

1. 姻戚(　　　)　2. 逮捕(　　　)
3. 廉恥(　　　)　4. 驅逐(　　　)
5. 懲罰(　　　)　6. 軌跡(　　　)
7. 汚染(　　　)　8. 顯著(　　　)
9. 幼稚(　　　)　10. 遵守(　　　)
11. 鴻雁(　　　)　12. 謀叛(　　　)
13. 枯渴(　　　)　14. 緊迫(　　　)
15. 偏頗(　　　)　16. 暴騰(　　　)
17. 庸拙(　　　)　18. 嫌疑(　　　)
19. 諒察(　　　)　20. 胡蝶(　　　)
21. 憐憫(　　　)　22. 銳騎(　　　)
23. 竊念(　　　)　24. 侯爵(　　　)
25. 跳躍(　　　)　26. 埋葬(　　　)
27. 畫幅(　　　)　28. 睡眠(　　　)
29. 寄贈(　　　)　30. 慘狀(　　　)
31. 頻繁(　　　)　32. 畢竟(　　　)
33. 敦篤(　　　)　34. 霧散(　　　)
35. 棄却(　　　)　36. 醜貌(　　　)
37. 旱災(　　　)　38. 昏迷(　　　)
39. 茫漠(　　　)　40. 煩惱(　　　)
41. 鈍濁(　　　)　42. 怠慢(　　　)
43. 遲延(　　　)　44. 提携(　　　)
45. 濫獲(　　　)

※ 다음 漢字의 訓과 音을 쓰시오.

46. 敏(　　　)　47. 肯(　　　)
48. 掛(　　　)　49. 侮(　　　)
50. 崩(　　　)　51. 稻(　　　)
52. 懼(　　　)　53. 淚(　　　)
54. 把(　　　)　55. 冥(　　　)
56. 邦(　　　)　57. 曉(　　　)
58. 賜(　　　)　59. 逝(　　　)
60. 閱(　　　)　61. 滴(　　　)
62. 捉(　　　)　63. 慨(　　　)
64. 播(　　　)　65. 僚(　　　)
66. 螢(　　　)　67. 牽(　　　)
68. 枕(　　　)　69. 苗(　　　)
70. 佐(　　　)　71. 遺(　　　)
72. 零(　　　)

※ 첫소리가 長音인 것을 고르시오.

73. (　　　)：①料金 ②料理 ③料食 ④料量
74. (　　　)：①沿道 ②沿革 ③沿岸 ④沿邊
75. (　　　)：①簡單 ②簡略 ③簡易 ④簡素
76. (　　　)：①喪家 ②喪亡 ③喪服 ④喪妻
77. (　　　)：①種別 ②種犬 ③種鷄 ④種子

※ 다음 反對字・反對語를 쓰시오.

78. 架空-(　　　)　79. (　　　)-忙
80. 抵抗-(　　　)　81. (　　　)-僞
82. 閉鎖-(　　　)　83. (　　　)-捨
84. 富裕-(　　　)　85. (　　　)-弔
86. 恩惠-(　　　)　87. 乘-(　　　)

※ 다음 類義字를 써서 單語를 完成하시오.

88. 輸-(　　　)　89. (　　　)-梁
90. 倉-(　　　)　91. (　　　)-率
92. 紛-(　　　)　93. (　　　)-幕
94. 墳-(　　　)　95. (　　　)-偶
96. (　　　)-聘　97. (　　　)-磨

※ 다음 뜻에 맞는 故事成語를 쓰시오.

98. 내 특기는 성대모사다. ……………… (　　)
99. 웅변대회에서 1등을 했다. ……………… (　　)
100. 나는 그 회사의 전속 모델이다. ……………… (　　)
101. 밤새도록 격렬한 전투를 벌였다. ……………… (　　)
102. 선생님은 가발을 쓰고 다니신다. ……………… (　　)
103. 우리 형은 비서실에서 근무한다. ……………… (　　)
104. 내가 납득할 만한 이유를 대시오. ……………… (　　)
105. 행정 수도 이전문제로 시끄럽다. ……………… (　　)
106. 주5일 근무로 여가시간이 늘었다. ……………… (　　)
107. 도서관에서는 항상 정숙해야 한다. ……………… (　　)
108. 우리 마을은 범죄가 없는 마을이다. ……………… (　　)
109. 외출하지 않고 집에만 은거해 있다. ……………… (　　)
110. 퇴근 후에 영화 관람을 할 예정이다. ……………… (　　)
111. 적의 공격에 대비해 진지를 구축한다. ……………… (　　)
112. 어떤 조직이나 적응을 잘해야 한다. ……………… (　　)
113. 예방 주사를 맞아야 병에 안 걸린다. ……………… (　　)
114. 그 같은 행태에 나는 분통이 터졌다. ……………… (　　)
115. 시험에 떨어진 사람을 위로해 주었다. ……………… (　　)
116. 아버지는 등산 장비를 챙기고 계신다. ……………… (　　)
117. 편지를 보낼 때는 항상 우표를 붙인다. ……………… (　　)
118. 제가 범인이라는 증거가 어디 있어요? ……………… (　　)
119. 발표하는 사람의 말을 잘 경청해 주세요. ……………… (　　)
120. 외국여행 시에는 항상 여권이 필요 하다. ……………… (　　)
121. 태권도 사범님과 겨루기 시합을 하였다. ……………… (　　)
122. 그 방법에 대한 어떠한 묘안도 떠오르지 않았다. ……………… (　　)

※ 다음 (　)안에 漢字를 써서 완성하시오.

123. (　)(　)腐心　124. 刻(　)(　)忘
125. (　)(　)巷說　126. 泥(　)(　)狗
127. (　)鹿(　)馬　128. 烏(　)梨(　)
129. (　)舟(　)劍　130. 傲霜(　)(　)
131. (　)柔不(　)　132. 唯我(　)(　)

※ 音은 같으나 뜻이 다른 漢字語를 쓰시오.

133. 眞知 : (　　) 언제든지 적과 싸울 수 있도록 설비 또는 장비를 배치하여 둔 곳.
134. 虎威 : (　　) 따라다니며 곁에서 보호하고 지킴
135. 動搖 : (　　) 어린이들의 생활 감정이나 심리를 표현하여 부르는 노래.
136. 儒理 : (　　) 따로 떨어짐.
137. 受由 : (　　) 젖먹이에게 젖을 먹임.

※ 다음 漢字語의 뜻을 쓰시오.

138. 腰帶 : (　　)
139. 避暑 : (　　)
140. 詐欺 : (　　)
141. 蜂蜜 : (　　)
142. 粟飯 : (　　)

※ 다음 漢字의 部首를 쓰시오.

143. 卿 (　)　144. 更 (　)　145. 哀 (　)
146. 裏 (　)　147. 麥 (　)

※ 다음 漢字의 略字를 쓰시오.

148. 傑 (　)　149. 與 (　)　150. 盡 (　)

기출예상문제[라] 漢字能力檢定試驗 3級 問題紙

(社)韓國語文會・韓國漢字能力檢定會   (시험시간：60분)   수험생에 의하여 재편집되었습니다.

※다음 漢字語의 讀音을 쓰시오.

1. 汗蒸（　　　）　2. 滅菌（　　　）
3. 塗炭（　　　）　4. 哀愁（　　　）
5. 倒壞（　　　）　6. 棄却（　　　）
7. 庚辰（　　　）　8. 獸面（　　　）
9. 跳躍（　　　）　10. 燥渴（　　　）
11. 啓蒙（　　　）　12. 續絃（　　　）
13. 頻繁（　　　）　14. 距離（　　　）
15. 睡眠（　　　）　16. 敦篤（　　　）
17. 覆蓋（　　　）　18. 拘牽（　　　）
19. 坤殿（　　　）　20. 激勵（　　　）
21. 閣僚（　　　）　22. 砲擊（　　　）
23. 鈍濁（　　　）　24. 過飾（　　　）
25. 煩惱（　　　）　26. 廉恥（　　　）
27. 懇請（　　　）　28. 隷屬（　　　）
29. 諒察（　　　）　30. 矯導（　　　）
31. 劍舞（　　　）　32. 突厥（　　　）
33. 漸騰（　　　）　34. 善隣（　　　）
35. 謙讓（　　　）　36. 麻布（　　　）
37. 濫獲（　　　）　38. 忌避（　　　）
39. 憐憫（　　　）　40. 詐欺（　　　）
41. 庸劣（　　　）　42. 懲役（　　　）
43. 狂暴（　　　）　44. 燭臺（　　　）
45. 爵祿（　　　）　46. 踏襲（　　　）
47. 驅蟲（　　　）

※다음 漢字의 訓과 音을 쓰시오.

48. 憨（　　　）　49. 閏（　　　）
50. 享（　　　）　51. 竟（　　　）
52. 桑（　　　）　53. 尤（　　　）
54. 貸（　　　）　55. 債（　　　）
56. 豈（　　　）　57. 吐（　　　）
58. 螢（　　　）　59. 愧（　　　）
60. 冥（　　　）　61. 臥（　　　）
62. 屢（　　　）　63. 姪（　　　）
64. 拂（　　　）　65. 胸（　　　）
66. 震（　　　）　67. 汚（　　　）
68. 玆（　　　）　69. 雁（　　　）
70. 迷（　　　）　71. 掛（　　　）
72. 叛（　　　）

※音은 같으나 뜻이 다른 漢字語를 쓰시오.

73. 轉機：（　　　） 한 개인의 일생의 사적을 적은 기록.
74. 中指：（　　　） 뭇사람의 지혜.
75. 乳木：（　　　） 가축을 몰고 다니며 하는 목축.
76. 維持：（　　　） 죽은 이가 생전에 이루지 못하고 남긴 뜻.
77. 仲兄：（　　　） 크고 무거운 형벌.

※다음 漢字의 反對字를 쓰시오.

78. （　　　）-晚　79. （　　　）-醜
80. （　　　）-薄　81. （　　　）-卑
82. （　　　）-暑　83. 禍-（　　　）
84. （　　　）-弔　85. 需-（　　　）
86. （　　　）-廢　87. 難-（　　　）

※다음 類義字를 써서 單語를 完成하시오.

88. （　　　）-率　89. 墮-（　　　）
90. （　　　）-聘　91. 寡-（　　　）
92. （　　　）-濯　93. 賓-（　　　）
94. （　　　）-掠　95. 鬼-（　　　）
96. （　　　）-倣　97. 單-（　　　）

※다음 밑줄 친 단어를 漢字로 쓰시오.

98. 사건을 축소 보고하다. ……………… ( )
99. 봄에는 수액을 채취한다. ……………… ( )
100. 인생은 짧고 예술은 길다. ……………… ( )
101. 나의 취미는 음악감상이다. ……………… ( )
102. 우리나라는 분단 국가이다. ……………… ( )
103. 두 건물의 간격을 측량하다. ……………… ( )
104. 가을철에는 관광을 많이 간다. ……………… ( )
105. 체조를 하면 몸이 유연해진다. ……………… ( )
106. 서예학원에서는 정숙해야 한다. ……………… ( )
107. 우리 아빠는 철도청에 다니신다. ……………… ( )
108. 침실에서 하루의 휴식을 취하다. ……………… ( )
109. 잘잘못에 따라 상벌이 정해진다. ……………… ( )
110. 우리의 한복은 자태가 아름답다. ……………… ( )
111. 멋진 선생님이 우리 담임이시다. ……………… ( )
112. 추운 겨울에는 연료가 많이 든다. ……………… ( )
113. 작은 부자는 근면과 성실에 있다. ……………… ( )
114. 우리는 유교의 영향을 많이 받았다. ……………… ( )
115. 귀국하는 축구선수들을 환영하였다. ……………… ( )
116. 학교에서 장학금을 지원 받고 있다. ……………… ( )
117. 노력한 결과로 칭찬을 많이 받았다. ……………( )
118. 우리나라는 의약분업이 실시되고 있다. ……………… ( )
119. 해면이 가장 높아지는 상태가 만조이다. ……………… ( )
120. 빵은 여러 가지 재료를 혼합하여 만든다. ……………… ( )
121. 학생들이 읽어야 할 권장도서가 정해지다. ……………… ( )
122. 과거에 민심이 흉흉하여 도적떼가 난무했다. ……………… ( )

※위 98~122번중 첫소리가 장음인 것을 5개 고르시오.

123. ( )　124. ( )　125. ( )
126. ( )　127. ( )

※다음 ( )안에 漢字를 써서 완성하시오.

128. ( )( )聲勢　129. 勿失( )( )
130. ( )( )異夢　131. 見利( )( )
132. ( )( )不明　133. 牛耳( )( )
134. ( )( )肝腸　135. 縱橫( )( )
136. ( )( )憂患　137. 至誠( )( )

※다음 漢字語의 뜻을 쓰시오.

138. 黃昏 : ( )
139. 潛入 : ( )
140. 豚舍 : ( )
141. 喜壽 : ( )
142. 盛典 : ( )

※다음 漢字의 部首를 쓰시오.

143. 承( )　144. 垂( )　145. 勝( )
146. 栽( )　147. 能( )

※다음 漢字의 略字를 쓰시오.

148. 辭( )　149. 龍( )　150. 處( )

□ 150점 만점에 105점 이상 합격(70%) □

배정한자 및 중간점검용정답

3급배정한자	②	③	④	⑤	⑥	⑦	⑧
却 물리칠각	飢 주릴 기	罔 없을 망	聘 부를 빙	晨 새벽 신	尤 더욱 우	姪 조카 질	遍 두루 편
姦 간음할간	旣 이미 기	茫 아득할망	巳 뱀 사	尋 찾을 심	云 이를 운	懲 징계할징	蔽 덮을 폐
渴 목마를갈	棄 버릴 기	埋 묻을 매	似 닮을 사	餓 주릴 아	違 어긋날위	且 또 차	幣 화폐 폐
皆 다 개	幾 몇 기	冥 어두울명	捨 버릴 사	岳 큰산 악	緯 씨 위	捉 잡을 착	抱 안을 포
慨 슬퍼할개	欺 속일 기	冒 무릅쓸모	詐 속일 사	雁 기러기안	酉 닭 유	慘 참혹할참	飽 배부를포
乞 빌 걸	那 어찌 나	侮 업신여길모	斯 이 사	謁 뵐 알	唯 오직 유	慙 부끄러울참	幅 폭 폭
牽 이끌 견	乃 이에 내	某 아무 모	賜 줄 사	押 누를 압	惟 생각할유	暢 화창할창	漂 떠다닐표
肩 어깨 견	奈 어찌 내	募 모을 모	朔 초하루삭	殃 재앙 앙	愈 나을 유	斥 물리칠척	匹 짝 필
遣 보낼 견	惱 번뇌할뇌	暮 저물 모	祥 상서 상	涯 물가 애	閏 윤달 윤	薦 천거할천	旱 가물 한
絹 비단 견	畓 논 답	卯 토끼 묘	嘗 맛볼 상	厄 액 액	吟 읊을 음	尖 뾰족할첨	咸 다 함
庚 별 경	塗 칠할 도	苗 모 묘	逝 갈 서	也 이끼 야	泣 울 읍	添 더할 첨	巷 거리 항
竟 마침내경	挑 돋울 도	廟 사당 묘	誓 맹세할서	耶 어조사야	凝 엉길 응	妾 첩 첩	亥 돼지 해
卿 벼슬 경	跳 뛸 도	戊 천간 무	庶 여러 서	躍 뛸 약	矣 어조사의	晴 갤 청	奚 어찌 해
繫 맬 계	稻 벼 도	霧 안개 무	敍 펼 서	楊 버들 양	宜 마땅 의	逮 잡을 체	該 갖출 해
癸 북방 계	篤 도타울독	眉 눈썹 미	暑 더울 서	於 어조사어	夷 오랑캐이	遞 갈릴 체	享 누릴 향
枯 마를 고	豚 돼지 돈	迷 미혹할미	昔 예 석	焉 어찌 언	而 말이을이	替 바꿀 체	軒 집 헌
顧 돌아볼고	敦 도타울돈	敏 민첩할민	析 쪼갤 석	予 나 여	姻 혼인 인	秒 분초 초	絃 줄 현
坤 땅 곤	屯 진칠 둔	憫 민망할민	攝 다스릴섭	汝 너 여	寅 범 인	抄 뽑을 초	縣 고을 현
郭 둘레 곽	鈍 둔할 둔	蜜 꿀 밀	涉 건널 섭	余 나 여	玆 이 자	燭 촛불 촉	嫌 싫어할혐
掛 걸 괘	騰 오를 등	泊 머무를박	召 부를 소	輿 수레 여	恣 방자할자	聰 귀밝을총	亨 형통할형
塊 흙덩이괴	濫 넘칠 람	伴 짝 반	昭 밝을 소	閱 볼 열	酌 술부을작	抽 뽑을 추	螢 반딧불형
愧 부끄러울괴	掠 노략질략	返 돌이킬반	蔬 나물 소	泳 헤엄칠영	爵 벼슬 작	醜 추할 추	兮 어조사혜
郊 들 교	諒 살펴알량	叛 배반할반	騷 떠들 소	詠 읊을 영	墻 담 장	丑 소 축	乎 서로 호
矯 바로잡을교	憐 불쌍히여길련	邦 나라 방	粟 조 속	銳 날카로울예	宰 재상 재	逐 쫓을 축	乎 어조사호
苟 구차할구	劣 못할 렬	倣 본뜰 방	誦 욀 송	汚 더러울오	哉 어조사재	臭 냄새 취	毫 터럭 호
狗 개 구	廉 청렴할렴	傍 곁 방	搜 찾을 수	吾 나 오	滴 물방울적	枕 베개 침	昏 어두울혼
俱 함께 구	獵 사냥 렵	杯 잔 배	囚 가둘 수	娛 즐길 오	竊 훔칠 절	妥 온당할타	弘 클 홍
懼 두려울구	零 떨어질령	煩 번거로울번	須 모름지기수	嗚 슬플 오	蝶 나비 접	墮 떨어질타	鴻 기러기홍
驅 몰 구	隷 종 례	飜 번역할번	遂 드디어수	傲 거만할오	訂 바로잡을정	托 맡길 탁	禾 벼 화
厥 그 궐	鹿 사슴 록	辨 분별할변	睡 졸음 수	擁 낄 옹	堤 둑 제	濁 흐릴 탁	擴 넓힐 확
軌 바퀴자국궤	僚 동료 료	屛 병풍 병	誰 누구 수	翁 늙은이옹	燥 마를 조	濯 씻을 탁	穫 거둘 확
龜 거북귀 터질균	了 마칠 료	竝 나란히병	雖 비록 수	臥 누울 와	弔 조상할조	誕 낳을 탄	丸 둥글 환
糾 얽힐 규	淚 눈물 루	卜 점 복	孰 누구 숙	曰 가로 왈	拙 졸할 졸	貪 탐낼 탐	曉 새벽 효
叫 부르짖을규	屢 여러 루	蜂 벌 봉	殉 따라죽을순	畏 두려워할외	佐 도울 좌	怠 게으를태	侯 제후 후
斤 근 근	梨 배 리	赴 갈 부	脣 입술 순	搖 흔들 요	舟 배 주	把 잡을 파	毁 헐 훼
僅 겨우 근	隣 이웃 린	墳 무덤 분	循 돌 순	遙 멀 요	俊 준걸 준	頗 자못 파	輝 빛날 휘
謹 삼갈 근	慢 거만할만	朋 벗 붕	戌 개 술	腰 허리 요	遵 좇을 준	罷 마칠 파	携 이끌 휴
肯 즐길 긍	漫 흩어질만	崩 무너질붕	矢 화살 시	庸 떳떳할용	贈 줄 증	播 뿌릴 파	
忌 꺼릴 기	忙 바쁠 망	賓 손 빈	辛 매울 신	又 또 우	只 다만 지	販 팔 판	
豈 어찌 기	忘 잊을 망	頻 자주 빈	伸 펼 신	于 어조사우	遲 더딜 지	貝 조개 패	<3급>

배정한자 및 중간점검용 정답

3Ⅱ배정한자	②	③	④	⑤	⑥	⑦	⑧	⑨	⑩
佳 아름다울가	較 비교할교	浪 물결 랑	慕 그릴 모	婢 계집종비	瞬 눈깜짝할순	烏 까마귀오	抵 막을 저	錯 어긋날착	編 엮을 편
架 시렁 가	巧 공교할교	郞 사내 랑	謀 꾀 모	卑 낮을 비	巡 돌 순	悟 깨달을오	著 나타날저	贊 도울 찬	弊 폐단 폐
閣 집 각	拘 잡을 구	涼 서늘할량	貌 모양 모	肥 살찔 비	旬 열흘 순	獄 옥 옥	寂 고요할적	倉 곳집 창	肺 허파 폐
脚 다리 각	久 오랠 구	梁 들보 량	睦 화목할목	妃 왕비 비	述 펼 술	瓦 기와 와	摘 딸 적	昌 창성할창	廢 폐할 폐
肝 간 간	丘 언덕 구	勵 힘쓸 려	沒 빠질 몰	邪 간사할사	襲 엄습할습	緩 느릴 완	跡 발자취적	蒼 푸를 창	浦 개 포
懇 간절할간	菊 국화 국	曆 책력 력	夢 꿈 몽	詞 말 사	拾 주울 습	辱 욕될 욕	蹟 자취 적	彩 채색 채	捕 잡을 포
刊 새길 간	弓 활 궁	戀 그리워할련	蒙 어두울몽	司 맡을 사	濕 젖을 습	慾 욕심 욕	笛 피리 적	菜 나물 채	楓 단풍 풍
幹 줄기 간	拳 주먹 권	鍊 쇠불릴련	貿 무역할무	沙 모래 사	昇 오를 승	欲 하고자할욕	殿 전각 전	債 빚 채	被 입을 피
鑑 거울 감	鬼 귀신 귀	聯 연이을련	茂 무성할무	祀 제사 사	僧 중 승	愚 어리석을우	漸 점점 점	策 꾀 책	皮 가죽 피
剛 굳셀 강	菌 버섯 균	蓮 연꽃 련	默 잠잠할묵	蛇 긴뱀 사	乘 탈 승	偶 짝 우	亭 정자 정	妻 아내 처	彼 저 피
綱 벼리 강	克 이길 극	裂 찢어질렬	墨 먹 묵	斜 비낄 사	侍 모실 시	憂 근심 우	廷 조정 정	拓 넓힐 척	畢 마칠 필
鋼 강철 강	琴 거문고금	嶺 고개 령	紋 무늬 문	削 깎을 삭	飾 꾸밀 식	宇 집 우	征 칠 정	戚 친척 척	何 어찌 하
介 낄 개	錦 비단 금	靈 신령 령	勿 말 물	森 수풀 삼	愼 삼갈 신	羽 깃 우	貞 곧을 정	尺 자 척	賀 하례할하
槪 대개 개	禽 새 금	爐 화로 로	微 작을 미	像 모양 상	審 살필 심	韻 운 운	淨 깨끗할정	踐 밟을 천	荷 멜 하
蓋 덮을 개	及 미칠 급	露 이슬 로	尾 꼬리 미	詳 자세할상	甚 심할 심	越 넘을 월	井 우물 정	賤 천할 천	鶴 학 학
距 상거할거	畿 경기 기	祿 녹 록	薄 엷을 박	裳 치마 상	雙 두 쌍	胃 밥통 위	頂 정수리정	淺 얕을 천	汗 땀 한
乾 하늘 건	企 꾀할 기	弄 희롱할롱	迫 핍박할박	霜 서리 상	牙 어금니아	謂 이를 위	齊 가지런할제	遷 옮길 천	割 벨 할
劍 칼 검	祈 빌 기	賴 의뢰할뢰	般 가지 반	尙 오히려상	芽 싹 아	僞 거짓 위	諸 모두 제	哲 밝을 철	含 머금을함
隔 사이뜰격	其 그 기	雷 우레 뢰	盤 소반 반	喪 잃을 상	雅 맑을 아	幽 그윽할유	照 비칠 조	徹 통할 철	陷 빠질 함
訣 이별할결	騎 말탈 기	樓 다락 루	飯 밥 반	桑 뽕나무상	亞 버금 아	誘 꾈 유	兆 억조 조	滯 막힐 체	項 항목 항
謙 겸손할겸	緊 긴할 긴	累 자주 루	拔 뽑을 발	償 갚을 상	阿 언덕 아	裕 넉넉할유	租 조세 조	肖 닮을 초	恒 항상 항
兼 겸할 겸	諾 허락할낙	漏 샐 루	芳 꽃다울방	塞 찾을 색	我 나 아	悠 멀 유	縱 세로 종	超 뛰어넘을초	響 울릴 향
頃 이랑 경	娘 계집 낭	倫 인륜 륜	輩 무리 배	索 막힐 색	岸 언덕 안	維 벼리 유	坐 앉을 좌	礎 주춧돌초	獻 드릴 헌
耕 밭갈 경	耐 견딜 내	栗 밤 률	排 밀칠 배	署 마을 서	顔 낯 안	柔 부드러울유	柱 기둥 주	觸 닿을 촉	玄 검을 현
徑 지름길경	寧 편안 녕	率 비율 률	培 북돋을배	緖 실마리서	巖 바위 암	幼 어릴 유	洲 물가 주	促 재촉할촉	懸 달 현
硬 굳을 경	奴 종 노	隆 높을 륭	伯 맏 백	恕 용서할서	央 가운데앙	猶 오히려유	宙 집 주	催 재촉할최	穴 굴 혈
械 기계 계	腦 골 뇌	陵 언덕 릉	繁 번성할번	徐 천천히서	仰 우러를앙	潤 불을 윤	奏 아뢸 주	追 쫓을 추	脅 위협할협
契 맺을 계	泥 진흙 니	吏 관리 리	凡 무릇 범	釋 풀 석	哀 슬플 애	乙 새 을	珠 구슬 주	畜 짐승 축	衡 저울대형
啓 열 계	茶 차 다	履 밟을 리	碧 푸를 벽	惜 아낄 석	若 같을 약	淫 음란할음	株 그루 주	衝 찌를 충	慧 슬기로울혜
溪 시내 계	旦 아침 단	裏 속 리	丙 남녘 병	旋 돌 선	壤 흙덩이양	已 이미 이	鑄 쇠불릴주	醉 취할 취	浩 넓을 호
桂 계수나무계	但 다만 단	臨 임할 림	補 기울 보	禪 선 선	揚 날릴 양	翼 날개 익	仲 버금 중	吹 불 취	胡 되 호
鼓 북 고	丹 붉을 단	麻 삼 마	譜 족보 보	疏 트일 소	讓 사양할양	忍 참을 인	卽 곧 즉	側 곁 측	豪 호걸 호
姑 시어미고	淡 맑을 담	磨 갈 마	腹 배 복	蘇 되살아날소	御 거느릴어	逸 편안할일	憎 미울 증	値 값 치	虎 범 호
稿 원고 고	踏 밟을 답	漠 넓을 막	覆 덮을 복	訴 호소할소	抑 누를 억	壬 북방 임	症 증세 증	恥 부끄러울치	惑 미혹할혹
哭 울 곡	唐 당나라당	幕 장막 막	峯 봉우리봉	燒 사를 소	憶 생각할억	賃 품삯 임	蒸 찔 증	稚 어릴 치	魂 넋 혼
谷 골 곡	糖 엿 당	莫 없을 막	封 봉할 봉	訟 송사할송	譯 번역할역	慈 사랑 자	池 못 지	漆 옻 칠	忽 갑자기홀
恭 공손할공	臺 대 대	晩 늦을 만	逢 만날 봉	刷 인쇄할쇄	役 부릴 역	刺 찌를 자	之 갈 지	沈 잠길 침	洪 넓을 홍
恐 두려울공	貸 빌릴 대	妄 망령될망	鳳 새 봉	鎖 쇠사슬쇄	驛 역 역	紫 자주빛자	枝 가지 지	浸 잠길 침	禍 재앙 화
貢 바칠 공	途 길 도	梅 매화 매	簿 문서 부	衰 쇠할 쇠	亦 또 역	潛 잠길 잠	振 떨칠 진	奪 빼앗을탈	還 돌아올환
供 이바지할공	陶 질그릇도	媒 중매 매	付 부칠 부	需 쓰일 수	疫 전염병역	暫 잠깐 잠	陳 베풀 진	塔 탑 탑	換 바꿀 환
誇 자랑할과	刀 칼 도	麥 보리 맥	符 부호 부	殊 다를 수	燕 제비 연	藏 감출 장	鎭 진압할진	湯 끓을 탕	皇 임금 황
寡 적을 과	倒 넘어질도	孟 맏 맹	附 붙을 부	隨 따를 수	沿 물따라갈연	粧 단장할장	辰 별 진	殆 거의 태	荒 거칠 황
冠 갓 관	桃 복숭아도	盟 맹세 맹	扶 도울 부	輸 보낼 수	軟 연할 연	掌 손바닥장	震 우레 진	泰 클 태	悔 뉘우칠회
貫 꿸 관	渡 건널 도	猛 사나울맹	浮 뜰 부	帥 장수 수	宴 잔치 연	莊 씩씩할장	疾 병 질	澤 못 택	懷 품을 회
寬 너그러울관	突 갑자기돌	盲 소경 맹	腐 썩을 부	獸 짐승 수	悅 기쁠 열	丈 어른 장	秩 차례 질	兎 토끼 토	劃 그을 획
慣 익숙할관	凍 얼 동	綿 솜 면	賦 부세 부	愁 근심 수	染 물들 염	臟 오장 장	執 잡을 집	吐 토할 토	獲 얻을 획
館 집 관	絡 이을 락	眠 잘 면	奔 달릴 분	壽 목숨 수	炎 불꽃 염	葬 장사지낼장	徵 부를 징	透 사무칠투	橫 가로 횡
狂 미칠 광	欄 난간 란	免 면할 면	奮 떨칠 분	垂 드리울수	鹽 소금 염	載 실을 재	借 빌릴 차	版 판목 판	胸 가슴 흉
怪 괴이할괴	蘭 난초 란	滅 멸할 멸	紛 어지러울분	熟 익을 숙	影 그림자영	裁 옷마를재	此 이 차	片 조각 편	戱 놀이 희
壞 무너질괴	廊 사랑채랑	銘 새길 명	拂 떨칠 불	淑 맑을 숙	譽 기릴 예	栽 심을 재	偏 치우칠편		稀 드물 희

배정한자 및 중간점검용정답

4급배정한자

①
暇	겨를 가
覺	깨달을 각
刻	새길 각
簡	간략할 간
干	방패 간
看	볼 간
敢	감히 감
甘	달 감
甲	갑옷 갑
降	내릴 강/항복할 항
更	다시 갱/고칠 경
據	근거 거
拒	막을 거
居	살 거
巨	클 거
傑	뛰어날 걸
儉	검소할 검
激	격할 격
擊	칠 격
犬	개 견
堅	굳을 견
鏡	거울 경
傾	기울 경
驚	놀랄 경

②
戒	경계할 계
季	계절 계
鷄	닭 계
階	섬돌 계
系	이어맬 계
繼	이을 계
庫	곳집 고
孤	외로울 고
穀	곡식 곡
困	곤할 곤
骨	뼈 골
攻	칠 공
孔	구멍 공
管	대롱 관
鑛	쇳돌 광
構	얽을 구

(다음 열)
群	무리 군
君	임금 군
屈	굽힐 굴
窮	다할 궁
勸	권할 권
券	문서 권
卷	책 권
歸	돌아갈 귀

③
均	고를 균
劇	심할 극
勤	부지런할 근
筋	힘줄 근
奇	기특할 기
紀	벼리 기
寄	부칠 기
機	틀 기
納	들일 납
段	층계 단
盜	도둑 도
逃	도망할 도
徒	무리 도
卵	알 란
亂	어지러울 란
覽	볼 람
略	간략할 략
糧	양식 량
慮	생각할 려
烈	매울 렬
龍	용 룡
柳	버들 류
輪	바퀴 륜
離	떠날 리

④
妹	누이 매
勉	힘쓸 면
鳴	울 명
模	본뜰 모
妙	묘할 묘
墓	무덤 묘
舞	춤출 무
拍	칠 박
髮	터럭 발
妨	방해할 방

(다음 열)
犯	범할 범
範	법 범
辯	말씀 변
普	넓을 보
複	겹칠 복
伏	엎드릴 복
否	아닐 부
負	질 부
粉	가루 분
憤	분할 분
碑	비석 비
批	비평할 비
祕	숨길 비
辭	말씀 사

⑤
私	사사 사
絲	실 사
射	쏠 사
散	흩을 산
傷	다칠 상
象	코끼리 상
宣	베풀 선
舌	혀 설
屬	붙일 속
損	덜 손
松	소나무 송
頌	칭송할 송
秀	빼어날 수
叔	아재비 숙
肅	엄숙할 숙
崇	높을 숭
氏	각씨 씨
額	이마 액
樣	모양 양
嚴	엄할 엄
與	더불 여
易	바꿀 역/쉬울 이
域	지경 역
鉛	납 연

⑥
延	늘일 연
緣	인연 연
燃	탈 연

(다음 열)
營	경영할 영
迎	맞을 영
映	비칠 영
豫	미리 예
優	넉넉할 우
遇	만날 우
郵	우편 우
源	근원 원
援	도울 원
怨	원망할 원
委	맡길 위
圍	에워쌀 위
慰	위로할 위
威	위엄 위
危	위태할 위
遺	남길 유
遊	놀 유
儒	선비 유
乳	젖 유
隱	숨을 은
儀	거동 의
疑	의심할 의
依	의지할 의

⑦
異	다를 이
仁	어질 인
姿	모양 자
姉	손위누이 자
資	재물 자
殘	남을 잔
雜	섞일 잡
裝	꾸밀 장
張	베풀 장
獎	장려할 장
帳	장막 장
壯	장할 장
腸	창자 장
底	밑 저
績	길쌈 적
賊	도둑 적
適	맞을 적
籍	문서 적
積	쌓을 적
轉	구를 전

(다음 열)
錢	돈 전
專	오로지 전
折	꺾을 절
點	점 점
占	점령할 점
整	가지런할 정

⑧
靜	고요할 정
丁	장정 정
帝	임금 제
條	가지 조
潮	조수 조
組	짤 조
存	있을 존
鍾	쇠북 종
從	좇을 종
座	자리 좌
周	두루 주
朱	붉을 주
酒	술 주
證	증거 증
持	가질 지
誌	기록할 지
智	지혜 지
織	짤 직
盡	다할 진
珍	보배 진
陣	진칠 진
差	다를 차
讚	기릴 찬
採	캘 채
冊	책 책
泉	샘 천

⑨
廳	관청 청
聽	들을 청
招	부를 초
推	밀 추
縮	줄일 축
就	나아갈 취
趣	뜻 취
層	층 층
針	바늘 침
寢	잘 침

(다음 열)
稱	일컬을 칭
歎	탄식할 탄
彈	탄알 탄
脫	벗을 탈
探	찾을 탐
擇	가릴 택
討	칠 토
痛	아플 통
投	던질 투
鬪	싸움 투
派	갈래 파
判	판단할 판
篇	책 편
評	평할 평
閉	닫을 폐
胞	세포 포

⑩
爆	불터질 폭
標	표할 표
疲	피곤할 피
避	피할 피
恨	한 한
閑	한가할 한
抗	겨룰 항
核	씨 핵
憲	법 헌
險	험할 험
革	가죽 혁
顯	나타날 현
刑	형벌 형
或	혹 혹
混	섞을 혼
婚	혼인할 혼
紅	붉을 홍
華	빛날 화
環	고리 환
歡	기쁠 환
況	상황 황
灰	재 회
候	기후 후
厚	두터울 후
揮	휘두를 휘
喜	기쁠 희

<4급>

4Ⅱ배정한자

①
街	거리 가
假	거짓 가
減	덜 감
監	볼 감
康	편안 강
講	욀 강
個	낱 개
檢	검사할 검
潔	깨끗할 결
缺	이지러질 결
慶	경사 경
警	깨우칠 경
境	지경 경
經	지날 경
係	맬 계
故	연고 고
官	벼슬 관
求	구할 구
究	연구할 구
宮	집 궁
權	권세 권
極	극진할 극
禁	금할 금

②
器	그릇 기
起	일어날 기
暖	따뜻할 난
難	어려울 난
怒	성낼 노
努	힘쓸 노
斷	끊을 단
端	끝 단
檀	박달나무 단
單	홑 단
達	통달할 달
擔	멜 담
黨	무리 당
帶	띠 대
隊	무리 대
導	인도할 도
毒	독 독

(다음 열)
銅	구리 동
斗	말 두
豆	콩 두
得	얻을 득
燈	등 등
羅	벌릴 라

③
兩	두 량
麗	고울 려
連	이을 련
列	벌릴 렬
錄	기록할 록
論	논할 론
留	머무를 류
律	법칙 률
滿	찰 만
脈	줄기 맥
毛	터럭 모
牧	칠 목
武	호반 무
務	힘쓸 무
味	맛 미
未	아닐 미
密	빽빽할 밀
博	넓을 박
防	막을 방
房	방 방
訪	찾을 방
配	나눌 배
背	등 배
拜	절 배

④
罰	벌할 벌
伐	칠 벌
壁	벽 벽
邊	가 변
報	갚을 보
步	걸음 보
寶	보배 보
保	지킬 보
復	회복할 복
府	마을 부
婦	며느리 부
副	버금 부

배정한자 및 중간점검용정답

5급배정한자

①
加	더할 가
可	옳을 가
改	고칠 개
去	갈 거
擧	들 거
健	굳셀 건
件	물건 건
建	세울 건
輕	가벼울 경
競	다툴 경
景	별 경
固	굳을 고
考	생각할 고
曲	굽을 곡
橋	다리 교
救	구원할 구
貴	귀할 귀
規	법 규
給	줄 급
汽	물끓는김 기
期	기약할 기
技	재주 기
吉	길할 길
壇	단 단
談	말씀 담

②
都	도읍 도
島	섬 도
落	떨어질 락
冷	찰 랭
量	헤아릴 량
領	거느릴 령
令	하여금 령
料	헤아릴 료
馬	말 마
末	끝 말
亡	망할 망
買	살 매
賣	팔 매
無	없을 무
倍	곱 배
費	쓸 비
比	견줄 비

〈4Ⅱ〉

鼻	코 비
氷	얼음 빙
寫	베낄 사
查	조사할 사
思	생각 사
賞	상줄 상
序	차례 서
選	가릴 선

③
船	배 선
善	착할 선
示	보일 시
案	책상 안
魚	고기 어
漁	고기잡을 어
億	억 억
熱	더울 열
葉	잎 엽
屋	집 옥
完	완전할 완
曜	빛날 요
浴	목욕할 욕
牛	소 우
雄	수컷 웅
院	집 원
原	언덕 원
願	원할 원
位	자리 위
耳	귀 이
因	인할 인
災	재앙 재
再	다시 재
爭	다툴 쟁
貯	쌓을 저

④
赤	붉을 적
停	머무를 정
操	잡을 조
終	마칠 종
罪	허물 죄
止	그칠 지
唱	부를 창
鐵	쇠 철
初	처음 초
最	가장 최

祝	빌 축
致	이를 치
則	법칙 칙
他	다를 타
打	칠 타
卓	높을 탁
炭	숯 탄
板	널 판
敗	패할 패
河	물 하
寒	찰 한
許	허락할 허
湖	호수 호
患	근심 환
黑	검을 흑

5Ⅱ배정한자

①
價	값 가
客	손 객
格	격식 격
見	볼 견
決	결단할 결
結	맺을 결
敬	공경 경
告	고할 고
課	공부할 과
過	지날 과
關	관계할 관
觀	볼 관
廣	넓을 광
具	갖출 구
舊	예 구
局	판 국
己	몸 기
基	터 기
念	생각 념
能	능할 능
團	둥글 단
當	마땅 당
德	큰 덕
到	이를 도
獨	홀로 독

②
朗	밝을 랑

良	어질 량
旅	나그네 려
歷	지날 력
練	익힐 련
勞	일할 로
類	무리 류
流	흐를 류
陸	뭍 륙
望	바랄 망
法	법 법
變	변할 변
兵	병사 병
福	복 복
奉	받들 봉
史	사기 사
士	선비 사
仕	섬길 사
産	낳을 산
相	서로 상
商	장사 상
鮮	고울 선
仙	신선 선
說	말씀 설
性	성품 성

③
洗	씻을 세
歲	해 세
束	묶을 속
首	머리 수
宿	잘 숙
順	순할 순
識	알 식
臣	신하 신
實	열매 실
兒	아이 아
惡	악할 악
約	맺을 약
養	기를 양
要	요긴할 요
友	벗 우
雨	비 우
雲	구름 운
元	으뜸 원
偉	클 위
以	써 이

富	부자 부
佛	부처 불
備	갖출 비
飛	날 비
悲	슬플 비
非	아닐 비
貧	가난할 빈
謝	사례할 사
師	스승 사
寺	절 사
舍	집 사
殺	죽일 살

⑤
狀	형상 상
常	떳떳할 상
床	상 상
想	생각 상
設	베풀 설
星	별 성
聖	성인 성
盛	성할 성
聲	소리 성
城	재 성
誠	정성 성
細	가늘 세
稅	세금 세
勢	형세 세
素	본디 소
掃	쓸 소
笑	웃음 소
續	이을 속
俗	풍속 속
送	보낼 송
收	거둘 수
修	닦을 수
受	받을 수
授	줄 수

⑥
守	지킬 수
純	순수할 순
承	이을 승
施	베풀 시
視	볼 시
詩	시 시
試	시험 시

是	이 시
息	쉴 식
申	납 신
深	깊을 심
眼	눈 안
暗	어두울 암
壓	누를 압
液	진 액
羊	양 양
如	같을 여
餘	남을 여
逆	거스를 역
演	펼 연
硏	갈 연
煙	연기 연
榮	영화 영
藝	재주 예
誤	그르칠 오
玉	구슬 옥

⑦
往	갈 왕
謠	노래 요
容	얼굴 용
圓	둥글 원
員	인원 원
衛	지킬 위
爲	할 위
肉	고기 육
恩	은혜 은
陰	그늘 음
應	응할 응
義	옳을 의
議	의논할 의
移	옮길 이
益	더할 익
引	끌 인
印	도장 인
認	알 인
障	막을 장
將	장수 장
低	낮을 저
敵	대적할 적
田	밭 전
絶	끊을 절
接	이을 접

程	길 정

⑧
政	정사 정
精	정할 정
濟	건널 제
提	끌 제
制	절제할 제
際	즈음 제
除	덜 제
祭	제사 제
製	지을 제
助	도울 조
鳥	새 조
早	이를 조
造	지을 조
尊	높을 존
宗	마루 종
走	달릴 주
竹	대 죽
準	준할 준
衆	무리 중
增	더할 증
指	가리킬 지
志	뜻 지
至	이를 지
支	지탱할 지
職	직분 직
進	나아갈 진

⑨
眞	참 진
次	버금 차
察	살필 찰
創	비롯할 창
處	곳 처
請	청할 청
總	다 총
銃	총 총
蓄	쌓을 축
築	쌓을 축
蟲	벌레 충
忠	충성 충
取	가질 취
測	헤아릴 측
治	다스릴 치
置	둘 치

齒	이 치
侵	침노할 침
快	쾌할 쾌
態	모습 태
統	거느릴 통
退	물러날 퇴
破	깨뜨릴 파
波	물결 파
砲	대포 포
布	베 포

⑩
包	쌀 포
暴	사나울 폭
票	표 표
豊	풍년 풍
限	한할 한
航	배 항
港	항구 항
解	풀 해
鄕	시골 향
香	향기 향
虛	빌 허
驗	시험할 험
賢	어질 현
血	피 혈
協	화할 협
惠	은혜 혜
好	좋을 호
護	도울 호
呼	부를 호
戶	집 호
貨	재물 화
確	굳을 확
回	돌아올 회
吸	마실 흡
興	일 흥
希	바랄 희

배정한자 및 중간점검용정답

8급배정한자

한자	훈	음
年	해	년
大	큰	대
東	동녘	동
六	여섯	륙
萬	일만	만
母	어미	모
木	나무	목
門	문	문
民	백성	민
白	흰	백
父	아비	부
北	북녘 북/달아날 배	
四	넉	사
山	메	산
三	석	삼
生	날	생
西	서녘	서
先	먼저	선
小	작을	소
水	물	수
室	집	실
十	열	십
五	다섯	오
王	임금	왕
外	바깥	외
月	달	월
二	두	이
人	사람	인
日	날	일
一	한	일
長	긴	장
弟	아우	제
中	가운데	중
青	푸를	청
寸	마디	촌
七	일곱	칠
土	흙	토
八	여덟	팔
學	배울	학
韓	나라	한
兄	형	형
火	불	화
敎	가르칠	교
校	학교	교
九	아홉	구
國	나라	국
軍	군사	군
金	쇠 금/성 김	
南	남녘	남
女	계집	녀

7Ⅱ배정한자

한자	훈	음
家	집	가
間	사이	간
江	강	강
車	수레 거/차	
空	빌	공
工	장인	공
記	기록할	기
氣	기운	기
男	사내	남
內	안	내
農	농사	농
答	대답	답
道	길	도
動	움직일	동
力	힘	력
立	설	립
每	매양	매
名	이름	명
物	물건	물
方	모	방
不	아닐	불
事	일	사
上	윗	상
姓	성	성
世	인간	세
手	손	수
時	때	시
市	저자	시
食	먹을	식
安	편안	안
午	낮	오
右	오른	우
自	스스로	자
子	아들	자
場	마당	장
電	번개	전
前	앞	전
全	온전	전
正	바를	정
足	발	족
左	왼	좌
直	곧을	직
平	평평할	평
下	아래	하
漢	한수/한나라	한
海	바다	해
話	말씀	화
活	살	활
孝	효도	효
後	뒤	후

7급배정한자

한자	훈	음
歌	노래	가
口	입	구
旗	기	기
冬	겨울	동
洞	골 동/한가지 동	
同	한가지	동
登	오를	등
來	올	래
老	늙을	로
里	마을	리
林	수풀	림
面	낯	면
命	목숨	명
文	글월	문
問	물을	문
百	일백	백
夫	지아비	부
算	셈	산
色	빛	색
夕	저녁	석
所	바	소
少	적을	소
數	셈	수
植	심을	식
心	마음	심
語	말씀	어
然	그럴	연
有	있을	유
育	기를	육
邑	고을	읍
入	들	입
字	글자	자
祖	할아비	조
住	살	주
主	주인	주
重	무거울	중
地	땅	지
紙	종이	지
川	내	천
千	일천	천
天	하늘	천
草	풀	초
村	마을	촌
秋	가을	추
春	봄	춘
出	날	출
便	편할 편/똥오줌 변	
夏	여름	하
花	꽃	화
休	쉴	휴

6Ⅱ배정한자

한자	훈	음
各	각각	각
角	뿔	각
計	셀	계
界	지경	계
高	높을	고
功	공	공
公	공평할	공
共	한가지	공
科	과목	과
果	실과	과
光	빛	광
球	공	구
今	이제	금
急	급할	급
短	짧을	단
堂	집	당
代	대신할	대
對	대할	대
圖	그림	도
讀	읽을 독/구절 두	
童	아이	동
等	무리	등
樂	즐길 락/노래 악/좋아할 요	
利	이할	리
理	다스릴	리
明	밝을	명
聞	들을	문
班	나눌	반
反	돌아올/돌이킬	반
半	반	반
發	필	발
放	놓을	방
部	떼	부
分	나눌	분
社	모일	사
書	글	서
線	줄	선
雪	눈	설
省	살필 성/덜 생	
成	이룰	성
消	사라질	소
術	재주	술
始	비로소	시
神	귀신	신
身	몸	신
信	믿을	신
新	새	신
藥	약	약
弱	약할	약
業	업	업
勇	날랠	용
用	쓸	용
運	옮길	운
飮	마실	음
音	소리	음
意	뜻	의
昨	어제	작
作	지을	작
才	재주	재
戰	싸울	전
庭	뜰	정
題	제목	제
第	차례	제
注	부을	주
集	모을	집
窓	창	창
清	맑을	청
體	몸	체
表	겉	표
風	바람	풍
幸	다행	행
現	나타날	현
形	모양	형
和	화할	화
會	모일	회

6급배정한자

한자	훈	음
感	느낄	감
強	강할	강
開	열	개
京	서울	경
苦	쓸	고
古	예	고
交	사귈	교
區	구분할	구
郡	고을	군
近	가까울	근
根	뿌리	근
級	등급	급
多	많을	다
待	기다릴	대
度	법도 도/헤아릴 탁	
頭	머리	두
例	법식	례
禮	예도	례
路	길	로
綠	푸를	록
李	오얏/성	리
目	눈	목
米	쌀	미
美	아름다울	미
朴	성	박
番	차례	번
別	다를/나눌	별
病	병	병
服	옷	복
本	근본	본
死	죽을	사
使	하여금/부릴	사
石	돌	석
席	자리	석
速	빠를	속
孫	손자	손
樹	나무	수
習	익힐	습
勝	이길	승
式	법	식
失	잃을	실
愛	사랑	애
野	들	야
夜	밤	야
陽	볕	양
洋	큰바다	양
言	말씀	언
永	길	영
英	꽃부리	영
溫	따뜻할	온
園	동산	원
遠	멀	원
油	기름	유
由	말미암을	유
銀	은	은
衣	옷	의
醫	의원	의
者	놈	자
章	글	장
在	있을	재
定	정할	정
朝	아침	조
族	겨레	족
晝	낮	주
親	친할	친
太	클	태
通	통할	통
特	특별할	특
合	합할	합
行	다닐 행/항렬 항	
向	향할	향
號	이름	호
畫	그림 화/그을 획	
黃	누를	황
訓	가르칠	훈
任	맡길	임
材	재목	재
財	재물	재
的	과녁	적
典	법	전
傳	전할	전
展	펼	전
切	끊을 절/온통 체	
節	마디	절
店	가게	점
情	뜻	정
調	고를	조
卒	마칠	졸
種	씨	종
週	주일	주
州	고을	주
知	알	지
質	바탕	질
着	붙을	착
參	참여할 참/석 삼	
責	꾸짖을	책
充	채울	충
宅	집	택
品	물건	품
必	반드시	필
筆	붓	필
害	해할	해
化	될	화
效	본받을	효
凶	흉할	흉

반대자정답	유의자정답	반대어정답	

반대자정답

姑(婦)
旦(夕)
騰(落)
煩(簡)
腹(背)
賓(主)
疏(密)
需(給)
昇(降)
伸(縮)
哀(歡)
緩(急)
贊(反)
禍(福)
(經)緯
(慶)弔
(貴)賤
(勤)怠
(美)醜
(夫)妻
(生)熟
(盛)衰
(首)尾
(深)淺
(愛)憎
(榮)辱
(優)劣
(利)鈍
(任)免
(長)幼
(早)晚
(尊)卑
(存)廢
(衆)寡
(眞)僞
(淸)濁
(出)沒
(取)捨
(表)裏
(賢)愚
(厚)薄

(加)減
(可)否
(開)閉
(去)來
(京)鄕
(苦)樂
(曲)直
(功)過
(攻)防
(公)私
(官)民
(起)伏
(難)易
(勞)使
(單)複
(斷)續
(動)靜
(得)失
(明)暗
(問)答
(發)着
(本)末
(貧)富
(師)弟
(賞)罰
(損)益
(送)迎
(收)支
(順)逆
(勝)負
(是)非
(安)危
(陰)陽
(自)他
(存)亡
(增)減
(進)退
(集)配
(虛)實
(呼)吸
(喜)悲

유의자정답

(價)値
(覺)悟
(康)寧
(勉)勵
(配)匹
(相)互
(洗)濯
(將)帥
(裝)飾
(招)聘
恭(敬)
茂(盛)
附(屬)
扶(助)
墳(墓)
賓(客)
尋(訪)
憎(惡)
販(賣)
皇(帝)
(歌)謠
(健)康
(經)歷
(階)層
(空)虛
(果)實
(具)備
(群)衆
(急)速
(給)與
(單)獨
(斷)絶
(談)話
(徒)黨
(盜)賊
(末)端
(毛)髮
(保)守
(副)次
(貧)困
(思)想

(辭)說
(舍)宅
(選)擇
(崇)高
(施)設
(眼)目
(養)育
(連)絡
(念)慮
(料)量
(怨)恨
(偉)大
(委)任
(音)聲
(意)志
(認)識
(委)態
(財)貨
(貯)蓄
(戰)鬪
(製)作
(組)織
(存)在
(朱)紅
(增)加
(至)極
(珍)寶
(進)就
(創)始
(處)所
(聽)聞
(蓄)積
(討)伐
(鬪)爭
(寒)冷
(幸)福
(協)和
(確)固
(歡)喜
(休)息
(希)望

반대어정답

加入 - 脫退
却下 - 受理
巨大 - 微小
巨富 - 極貧
儉約 - 浪費
結果 - 原因
高尙 - 低俗
公開 - 祕密
民卑 - 官尊
光明 - 暗黑
近攻 - 遠交
肯定 - 否定
旣決 - 未決
濫用 - 節約
內包 - 外延
短縮 - 延長
郊外 - 都心
獨白 - 對話
冷却 - 加熱
連結 - 分斷
靈魂 - 肉體
流動 - 固定
利益 - 損害
漠然 - 確然
模倣 - 獨創
默讀 - 朗讀
未備 - 完備
薄待 - 厚待
背恩 - 報恩
複雜 - 單純
服從 - 反抗
否決 - 可決
歡喜 - ?
富貴 - 貧賤
不法 - 合法

副業 - 本業
否認 - 是認
分離 - 統合
悲觀 - 樂觀
悲哀 - 歡喜
散在 - 密集
疏遠 - 親近
小人 - 君子
承諾 - 拒絶
勝利 - 敗北
偶然 - 必然
韻文 - 散文
緯度 - 經度
應答 - 質疑
義務 - 權利
理性 - 感情
抵抗 - 屈服
正統 - 異端
操心 - 放心
拙作 - 傑作
左遷 - 榮轉
支出 - 收入
慘敗 - 快勝
抽象 - 具體
破壞 - 建設
閉鎖 - 開放
布衣 - 錦衣
被動 - 能動
被害 - 加害
虛僞 - 眞實
革新 - 保守
現實 - 空想
形式 - 內容
擴大 - 縮小

약자정답

價-(価), 假-(仮), 覺-(覚), 據-(拠), 擧-(挙), 傑-(杰), 檢-(検), 堅-(坚), 輕-(軽), 繼-(継), 觀-(观), 關-(関), 廣-(広), 鑛-(鉱), 舊-(旧), 區-(区), 國-(国), 勸-(劝), 權-(权), 歸-(帰), 團-(団), 擔-(担), 黨-(党), 當-(当), 對-(对), 圖-(図), 獨-(独), 讀-(読), 燈-(灯), 樂-(楽), 亂-(乱), 來-(来), 兩-(両), 勞-(労), 龍-(竜), 離-(难), 萬-(万), 滿-(満), 賣-(売), 發-(発), 變-(変), 邊-(辺), 佛-(仏), 辭-(辞), 寫-(写), 師-(师), 狀-(状), 聲-(声), 屬-(属), 肅-(粛), 實-(実), 兒-(児), 壓-(圧), 藥-(薬), 樣-(様), 與-(与), 豫-(予), 藝-(芸), 圍-(囲), 應-(応), 醫-(医), 殘-(残), 雜-(雑), 將-(将), 轉-(転), 戰-(战), 點-(点), 濟-(済), 條-(条), 卒-(卆), 從-(从), 晝-(昼), 證-(証), 盡-(尽), 珍-(珎), 參-(参), 處-(処), 鐵-(鉄), 廳-(庁), 體-(体), 總-(総), 蟲-(虫), 齒-(歯), 稱-(称), 彈-(弾), 擇-(択), 學-(学), 解-(解), 虛-(虚), 顯-(顕), 畫-(画)

훈음정답

盖-(덮을 개), 龜-(거북 귀), 弃-(버릴 기), 励-(힘쓸 려), 恋-(그릴 련), 联-(연이을련), 猟-(사냥 렵), 灵-(신령 령), 麦-(보리 맥), 梦-(꿈 몽), 甞-(맛볼 상), 釈-(풀 석), 寿-(목숨 수), 双-(쌍 쌍), 塩-(소금 염), 窃-(훔칠 절), 斉-(가지런할제), 鋳-(쇠불릴주), 迁-(옮길 천), 酔-(취할 취), 柒-(옻 칠), 献-(드릴 헌)

고사성어정답

街(談)巷說, 減之又(減), 擧(案)齊眉, 乾坤(淸)氣, 乞人憐(天), 牽(強)附會, 經天緯(地), 高枕安(眠), (口)蜜腹劍, 口尙(乳)臭, 幾(至)死境, (德)必有隣, 道聽塗(說), 梅蘭菊(竹), 傍若(無)人, (百)八煩惱, 夫唱(婦)隨, 四顧無(親), 喪(家)之狗, 塞翁之(馬), 生而(知)之, 乘(勝)長驅, 謁(聖)及第, 言(則)是也, (榮)枯盛衰, 五(里)霧中, 吾(鼻)三尺, 傲霜(孤)節, 搖之不(動), (龍)蛇飛騰, 遠禍召(福), 唯我(獨)尊, (遺)臭萬年, 吟(風)弄月, 泥(田)鬪狗, 一蓮托(生), 日暮途(遠), 一(樹)百穫, 一(葉)片舟, (自)愧之心, 自(暴)自棄, 長幼有(序), (指)鹿爲馬, 此(日)彼日, 飽食(暖)衣, 咸(興)差使, 軒軒丈(夫), 佳人薄(命), 刻舟(求)劍, 蓋(世)之才, 堅忍(不)拔, 兼人之(勇), 骨(肉)相殘, 冠婚喪(祭), 群鷄(一)鶴, 群(雄)割據, 君子三(樂), 金蘭之(交), 錦衣(夜)行, 亂(臣)賊子, (內)柔外剛, 同族(相)殘, 莫(逆)之友, 孟(母)三遷, 目不忍(見), 尾生之(信), 百(計)無策, 不恥下(問), 沙(上)樓閣, 三旬九(食), 三從之(道), 生者(必)滅, 雪上(加)霜, 愼終(如)始, (深)山幽谷, (億)兆蒼生, 吳越(同)舟, 龍(頭)蛇尾, 愚公(移)山, 悠悠(自)適, 人(面)獸心, 一日之(長), 一觸卽(發), 立身揚(名), (足)脫不及, 縱橫(無)盡, (左)衝右突, 天高(馬)肥, (千)載一遇, (快)刀亂麻, (表)裏不同, 彼此(一)般, 下(石)上臺, 浩(然)之氣, 厚顔(無)恥

■ 사단법인 한국어문회·한자능력검정회 주관

수험번호 □□□-□□-□□□□ 성명 □□□□□
주민등록번호 □□□□□□-□□□□□□□
※ 유성 싸인펜, 붉은색 필기구 사용 불가.
※답안지는 컴퓨터로 처리되므로 구기거나 더럽히지 마시고, 정답 칸 안에만 쓰십시오. 글씨가 채점란으로 들어오면 오답처리가 됩니다.

전국한자능력검정시험　　급　　회 답안지

번호	답안란	번호	답안란	번호	답안란	번호	답안란	번호	답안란	번호	답안란
1		26		51		76		101		126	
2		27		52		77		102		127	
3		28		53		78		103		128	
4		29		54		79		104		129	
5		30		55		80		105		130	
6		31		56		81		106		131	
7		32		57		82		107		132	
8		33		58		83		108		133	
9		34		59		84		109		134	
10		35		60		85		110		135	
11		36		61		86		111		136	
12		37		62		87		112		137	
13		38		63		88		113		138	
14		39		64		89		114		139	
15		40		65		90		115		140	
16		41		66		91		116		141	
17		42		67		92		117		142	
18		43		68		93		118		143	
19		44		69		94		119		144	
20		45		70		95		120		145	
21		46		71		96		121		146	
22		47		72		97		122		147	
23		48		73		98		123		148	
24		49		74		99		124		149	
25		50		75		100		125		150	

감독위원	채점위원(1)		채점위원(2)		채점위원(3)		점수
(서명)	(득점)	(서명)	(득점)	(서명)	(득점)	(서명)	/150

■ 사단법인 한국어문회·한자능력검정회 주관

수험번호 ☐☐☐-☐☐-☐☐☐☐ 성명 ☐☐☐☐☐
주민등록번호 ☐☐☐☐☐☐-☐☐☐☐☐☐☐ ※ 유성 싸인펜, 붉은색 필기구 사용 불가.

※답안지는 컴퓨터로 처리되므로 구기거나 더럽히지 마시고, 정답 칸 안에만 쓰십시오. 글씨가 채점란으로 들어오면 오답처리가 됩니다.

전국한자능력검정시험   급   회 답안지

번호	답안란	번호	답안란	번호	답안란	번호	답안란	번호	답안란	번호	답안란
1		26		51		76		101		126	
2		27		52		77		102		127	
3		28		53		78		103		128	
4		29		54		79		104		129	
5		30		55		80		105		130	
6		31		56		81		106		131	
7		32		57		82		107		132	
8		33		58		83		108		133	
9		34		59		84		109		134	
10		35		60		85		110		135	
11		36		61		86		111		136	
12		37		62		87		112		137	
13		38		63		88		113		138	
14		39		64		89		114		139	
15		40		65		90		115		140	
16		41		66		91		116		141	
17		42		67		92		117		142	
18		43		68		93		118		143	
19		44		69		94		119		144	
20		45		70		95		120		145	
21		46		71		96		121		146	
22		47		72		97		122		147	
23		48		73		98		123		148	
24		49		74		99		124		149	
25		50		75		100		125		150	

감독위원	채점위원(1)	채점위원(2)	채점위원(3)	점수
(서명)	(득점) (서명)	(득점) (서명)	(득점) (서명)	/150

전국한자능력검정시험 급 회 답안지

번호	답안란	번호	답안란	번호	답안란	번호	답안란	번호	답안란	번호	답안란
1		26		51		76		101		126	
2		27		52		77		102		127	
3		28		53		78		103		128	
4		29		54		79		104		129	
5		30		55		80		105		130	
6		31		56		81		106		131	
7		32		57		82		107		132	
8		33		58		83		108		133	
9		34		59		84		109		134	
10		35		60		85		110		135	
11		36		61		86		111		136	
12		37		62		87		112		137	
13		38		63		88		113		138	
14		39		64		89		114		139	
15		40		65		90		115		140	
16		41		66		91		116		141	
17		42		67		92		117		142	
18		43		68		93		118		143	
19		44		69		94		119		144	
20		45		70		95		120		145	
21		46		71		96		121		146	
22		47		72		97		122		147	
23		48		73		98		123		148	
24		49		74		99		124		149	
25		50		75		100		125		150	

사단법인 한국어문회·한자능력검정회 주관

수험번호 □□□-□□-□□□□ 성명 □□□□□
주민등록번호 □□□□□□-□□□□□□□

※ 유성 싸인펜, 붉은색 필기구 사용 불가.
※답안지는 컴퓨터로 처리되므로 구기거나 더럽히지 마시고, 정답 칸 안에만 쓰십시오. 글씨가 채점란으로 들어오면 오답처리가 됩니다.

감독위원	채점위원(1)	채점위원(2)	채점위원(3)	점수
(서명)	(득점) (서명)	(득점) (서명)	(득점) (서명)	/150

■ 사단법인 한국어문회·한자능력검정회 주관

수험번호 □□□-□□-□□□□
성명 □□□□□
주민등록번호 □□□□□□-□□□□□□□
※ 유성 싸인펜, 붉은색 필기구 사용 불가.

※답안지는 컴퓨터로 처리되므로 구기거나 더럽히지 마시고, 정답 칸 안에만 쓰십시오. 글씨가 채점란으로 들어오면 오답처리가 됩니다.

전국한자능력검정시험   급   회 답안지

번호	답안란	번호	답안란	번호	답안란	번호	답안란	번호	답안란	번호	답안란
1		26		51		76		101		126	
2		27		52		77		102		127	
3		28		53		78		103		128	
4		29		54		79		104		129	
5		30		55		80		105		130	
6		31		56		81		106		131	
7		32		57		82		107		132	
8		33		58		83		108		133	
9		34		59		84		109		134	
10		35		60		85		110		135	
11		36		61		86		111		136	
12		37		62		87		112		137	
13		38		63		88		113		138	
14		39		64		89		114		139	
15		40		65		90		115		140	
16		41		66		91		116		141	
17		42		67		92		117		142	
18		43		68		93		118		143	
19		44		69		94		119		144	
20		45		70		95		120		145	
21		46		71		96		121		146	
22		47		72		97		122		147	
23		48		73		98		123		148	
24		49		74		99		124		149	
25		50		75		100		125		150	

감독위원	채점위원(1)		채점위원(2)		채점위원(3)		점수
(서명)	(득점)	(서명)	(득점)	(서명)	(득점)	(서명)	/150

전국한자능력검정시험 　급　　회 답안지

번호	답안란	번호	답안란	번호	답안란	번호	답안란	번호	답안란	번호	답안란
1		26		51		76		101		126	
2		27		52		77		102		127	
3		28		53		78		103		128	
4		29		54		79		104		129	
5		30		55		80		105		130	
6		31		56		81		106		131	
7		32		57		82		107		132	
8		33		58		83		108		133	
9		34		59		84		109		134	
10		35		60		85		110		135	
11		36		61		86		111		136	
12		37		62		87		112		137	
13		38		63		88		113		138	
14		39		64		89		114		139	
15		40		65		90		115		140	
16		41		66		91		116		141	
17		42		67		92		117		142	
18		43		68		93		118		143	
19		44		69		94		119		144	
20		45		70		95		120		145	
21		46		71		96		121		146	
22		47		72		97		122		147	
23		48		73		98		123		148	
24		49		74		99		124		149	
25		50		75		100		125		150	

■ 사단법인 한국어문회・한자능력검정회 주관

수험번호 □□□-□□-□□□□　　성명 □□□□□
주민등록번호 □□□□□□-□□□□□□□
※ 유성 싸인펜, 붉은색 필기구 사용 불가.
※답안지는 컴퓨터로 처리되므로 구기거나 더럽히지 마시고, 정답 칸 안에만 쓰십시오. 글씨가 채점란으로 들어오면 오답처리가 됩니다.

감독위원	채점위원(1)	채점위원(2)	채점위원(3)	점수
(서명)	(득점) (서명)	(득점) (서명)	(득점) (서명)	/150

■ 사단법인 한국어문회·한자능력검정회 주관

수험번호 ☐☐☐-☐☐-☐☐☐☐ 성명 ☐☐☐☐☐
주민등록번호 ☐☐☐☐☐☐-☐☐☐☐☐☐☐ ※ 유성 싸인펜, 붉은색 필기구 사용 불가.

※답안지는 컴퓨터로 처리되므로 구기거나 더럽히지 마시고, 정답 칸 안에만 쓰십시오. 글씨가 채점란으로 들어오면 오답처리가 됩니다.

전국한자능력검정시험   급   회 답안지

번호	답안란	번호	답안란	번호	답안란	번호	답안란	번호	답안란	번호	답안란
1		26		51		76		101		126	
2		27		52		77		102		127	
3		28		53		78		103		128	
4		29		54		79		104		129	
5		30		55		80		105		130	
6		31		56		81		106		131	
7		32		57		82		107		132	
8		33		58		83		108		133	
9		34		59		84		109		134	
10		35		60		85		110		135	
11		36		61		86		111		136	
12		37		62		87		112		137	
13		38		63		88		113		138	
14		39		64		89		114		139	
15		40		65		90		115		140	
16		41		66		91		116		141	
17		42		67		92		117		142	
18		43		68		93		118		143	
19		44		69		94		119		144	
20		45		70		95		120		145	
21		46		71		96		121		146	
22		47		72		97		122		147	
23		48		73		98		123		148	
24		49		74		99		124		149	
25		50		75		100		125		150	

감독위원	채점위원(1)		채점위원(2)		채점위원(3)		점수
(서명)	(득점)	(서명)	(득점)	(서명)	(득점)	(서명)	/150

■ 사단법인 한국어문회·한자능력검정회 주관

수험번호 □□□-□□-□□□□ 성명 □□□□□
주민등록번호 □□□□□□-□□□□□□□ ※ 유성 싸인펜, 붉은색 필기구 사용 불가.

※답안지는 컴퓨터로 처리되므로 구기거나 더럽히지 마시고, 정답 칸 안에만 쓰십시오. 글씨가 채점란으로 들어오면 오답처리가 됩니다.

전국한자능력검정시험   급   회 답안지

번호	답안란	번호	답안란	번호	답안란	번호	답안란	번호	답안란	번호	답안란
1		26		51		76		101		126	
2		27		52		77		102		127	
3		28		53		78		103		128	
4		29		54		79		104		129	
5		30		55		80		105		130	
6		31		56		81		106		131	
7		32		57		82		107		132	
8		33		58		83		108		133	
9		34		59		84		109		134	
10		35		60		85		110		135	
11		36		61		86		111		136	
12		37		62		87		112		137	
13		38		63		88		113		138	
14		39		64		89		114		139	
15		40		65		90		115		140	
16		41		66		91		116		141	
17		42		67		92		117		142	
18		43		68		93		118		143	
19		44		69		94		119		144	
20		45		70		95		120		145	
21		46		71		96		121		146	
22		47		72		97		122		147	
23		48		73		98		123		148	
24		49		74		99		124		149	
25		50		75		100		125		150	

감독위원	채점위원(1)	채점위원(2)	채점위원(3)	점수
(서명)	(득점) (서명)	(득점) (서명)	(득점) (서명)	/150

전국한자능력검정시험 급 회 답안지

번호	답안란	번호	답안란	번호	답안란	번호	답안란	번호	답안란	번호	답안란
1		26		51		76		101		126	
2		27		52		77		102		127	
3		28		53		78		103		128	
4		29		54		79		104		129	
5		30		55		80		105		130	
6		31		56		81		106		131	
7		32		57		82		107		132	
8		33		58		83		108		133	
9		34		59		84		109		134	
10		35		60		85		110		135	
11		36		61		86		111		136	
12		37		62		87		112		137	
13		38		63		88		113		138	
14		39		64		89		114		139	
15		40		65		90		115		140	
16		41		66		91		116		141	
17		42		67		92		117		142	
18		43		68		93		118		143	
19		44		69		94		119		144	
20		45		70		95		120		145	
21		46		71		96		121		146	
22		47		72		97		122		147	
23		48		73		98		123		148	
24		49		74		99		124		149	
25		50		75		100		125		150	

사단법인 한국어문회·한자능력검정회 주관

수험번호 ☐☐☐-☐☐-☐☐☐☐
성명 ☐☐☐☐☐
주민등록번호 ☐☐☐☐☐☐-☐☐☐☐☐☐☐

※ 유성 싸인펜, 붉은색 필기구 사용 불가.
※답안지는 컴퓨터로 처리되므로 구기거나 더럽히지 마시고, 정답 칸 안에만 쓰십시오. 글씨가 채점란으로 들어오면 오답처리가 됩니다.

감독위원	채점위원(1)	채점위원(2)	채점위원(3)	점수
(서명)	(득점) (서명)	(득점) (서명)	(득점) (서명)	/150

■ 사단법인 한국어문회·한자능력검정회 주관

수험번호 □□□-□□-□□□□ 성명 □□□□□
주민등록번호 □□□□□□-□□□□□□□
※ 유성 싸인펜, 붉은색 필기구 사용 불가.

※답안지는 컴퓨터로 처리되므로 구기거나 더럽히지 마시고, 정답 칸 안에만 쓰십시오. 글씨가 채점란으로 들어오면 오답처리가 됩니다.

전국한자능력검정시험   급   회 답안지

번호	답안란	번호	답안란	번호	답안란	번호	답안란	번호	답안란	번호	답안란
1		26		51		76		101		126	
2		27		52		77		102		127	
3		28		53		78		103		128	
4		29		54		79		104		129	
5		30		55		80		105		130	
6		31		56		81		106		131	
7		32		57		82		107		132	
8		33		58		83		108		133	
9		34		59		84		109		134	
10		35		60		85		110		135	
11		36		61		86		111		136	
12		37		62		87		112		137	
13		38		63		88		113		138	
14		39		64		89		114		139	
15		40		65		90		115		140	
16		41		66		91		116		141	
17		42		67		92		117		142	
18		43		68		93		118		143	
19		44		69		94		119		144	
20		45		70		95		120		145	
21		46		71		96		121		146	
22		47		72		97		122		147	
23		48		73		98		123		148	
24		49		74		99		124		149	
25		50		75		100		125		150	

감독위원	채점위원(1)		채점위원(2)		채점위원(3)		점수
(서명)	(득점)	(서명)	(득점)	(서명)	(득점)	(서명)	/150

■ 사단법인 한국어문회·한자능력검정회 주관

수험번호 □□□-□□-□□□□ 성명 □□□□□
주민등록번호 □□□□□□-□□□□□□□
※ 유성 싸인펜, 붉은색 필기구 사용 불가.
※답안지는 컴퓨터로 처리되므로 구기거나 더럽히지 마시고, 정답 칸 안에만 쓰십시오. 글씨가 채점란으로 들어오면 오답처리가 됩니다.

전국한자능력검정시험   급   회 답안지

번호	답안란	번호	답안란	번호	답안란	번호	답안란	번호	답안란	번호	답안란
1		26		51		76		101		126	
2		27		52		77		102		127	
3		28		53		78		103		128	
4		29		54		79		104		129	
5		30		55		80		105		130	
6		31		56		81		106		131	
7		32		57		82		107		132	
8		33		58		83		108		133	
9		34		59		84		109		134	
10		35		60		85		110		135	
11		36		61		86		111		136	
12		37		62		87		112		137	
13		38		63		88		113		138	
14		39		64		89		114		139	
15		40		65		90		115		140	
16		41		66		91		116		141	
17		42		67		92		117		142	
18		43		68		93		118		143	
19		44		69		94		119		144	
20		45		70		95		120		145	
21		46		71		96		121		146	
22		47		72		97		122		147	
23		48		73		98		123		148	
24		49		74		99		124		149	
25		50		75		100		125		150	

감독위원	채점위원(1)		채점위원(2)		채점위원(3)		점수
(서명)	(득점)	(서명)	(득점)	(서명)	(득점)	(서명)	/150

■ 사단법인 한국어문회·한자능력검정회 주관

수험번호 □□□-□□-□□□□ 성명 □□□□□
주민등록번호 □□□□□□-□□□□□□□
※ 유성 싸인펜, 붉은색 필기구 사용 불가.
※답안지는 컴퓨터로 처리되므로 구기거나 더럽히지 마시고, 정답 칸 안에만 쓰십시오. 글씨가 채점란으로 들어오면 오답처리가 됩니다.

전국한자능력검정시험   급   회 답안지

번호	답안란	번호	답안란	번호	답안란	번호	답안란	번호	답안란	번호	답안란
1		26		51		76		101		126	
2		27		52		77		102		127	
3		28		53		78		103		128	
4		29		54		79		104		129	
5		30		55		80		105		130	
6		31		56		81		106		131	
7		32		57		82		107		132	
8		33		58		83		108		133	
9		34		59		84		109		134	
10		35		60		85		110		135	
11		36		61		86		111		136	
12		37		62		87		112		137	
13		38		63		88		113		138	
14		39		64		89		114		139	
15		40		65		90		115		140	
16		41		66		91		116		141	
17		42		67		92		117		142	
18		43		68		93		118		143	
19		44		69		94		119		144	
20		45		70		95		120		145	
21		46		71		96		121		146	
22		47		72		97		122		147	
23		48		73		98		123		148	
24		49		74		99		124		149	
25		50		75		100		125		150	

감독위원	채점위원(1)	채점위원(2)	채점위원(3)	점수
(서명)	(득점) (서명)	(득점) (서명)	(득점) (서명)	/150

■ 사단법인 한국어문회·한자능력검정회 주관

수험번호 □□□-□□-□□□□ 성명 □□□□□
주민등록번호 □□□□□□-□□□□□□□ ※ 유성 싸인펜, 붉은색 필기구 사용 불가.
※답안지는 컴퓨터로 처리되므로 구기거나 더럽히지 마시고, 정답 칸 안에만 쓰십시오. 글씨가 채점란으로 들어오면 오답처리가 됩니다.

전국한자능력검정시험   급   회 답안지

번호	답안란	번호	답안란	번호	답안란	번호	답안란	번호	답안란	번호	답안란
1		26		51		76		101		126	
2		27		52		77		102		127	
3		28		53		78		103		128	
4		29		54		79		104		129	
5		30		55		80		105		130	
6		31		56		81		106		131	
7		32		57		82		107		132	
8		33		58		83		108		133	
9		34		59		84		109		134	
10		35		60		85		110		135	
11		36		61		86		111		136	
12		37		62		87		112		137	
13		38		63		88		113		138	
14		39		64		89		114		139	
15		40		65		90		115		140	
16		41		66		91		116		141	
17		42		67		92		117		142	
18		43		68		93		118		143	
19		44		69		94		119		144	
20		45		70		95		120		145	
21		46		71		96		121		146	
22		47		72		97		122		147	
23		48		73		98		123		148	
24		49		74		99		124		149	
25		50		75		100		125		150	

감독위원	채점위원(1)		채점위원(2)		채점위원(3)		점수
(서명)	(득점)	(서명)	(득점)	(서명)	(득점)	(서명)	/150

■ 사단법인 한국어문회 · 한자능력검정회 주관

수험번호 □□□-□□-□□□□ 성명 □□□□□
주민등록번호 □□□□□□-□□□□□□□
※ 유성 싸인펜, 붉은색 필기구 사용 불가.
※답안지는 컴퓨터로 처리되므로 구기거나 더럽히지 마시고, 정답 칸 안에만 쓰십시오. 글씨가 채점란으로 들어오면 오답처리가 됩니다.

전국한자능력검정시험   급   회 답안지

번호	답안란	번호	답안란	번호	답안란	번호	답안란	번호	답안란	번호	답안란
1		26		51		76		101		126	
2		27		52		77		102		127	
3		28		53		78		103		128	
4		29		54		79		104		129	
5		30		55		80		105		130	
6		31		56		81		106		131	
7		32		57		82		107		132	
8		33		58		83		108		133	
9		34		59		84		109		134	
10		35		60		85		110		135	
11		36		61		86		111		136	
12		37		62		87		112		137	
13		38		63		88		113		138	
14		39		64		89		114		139	
15		40		65		90		115		140	
16		41		66		91		116		141	
17		42		67		92		117		142	
18		43		68		93		118		143	
19		44		69		94		119		144	
20		45		70		95		120		145	
21		46		71		96		121		146	
22		47		72		97		122		147	
23		48		73		98		123		148	
24		49		74		99		124		149	
25		50		75		100		125		150	

감독위원	채점위원(1)	채점위원(2)	채점위원(3)	점수
(서명)	(득점) (서명)	(득점) (서명)	(득점) (서명)	/150

■ 사단법인 한국어문회・한자능력검정회 주관

수험번호 □□□-□□-□□□□ 성명 □□□□□
주민등록번호 □□□□□□-□□□□□□□ ※ 유성 싸인펜, 붉은색 필기구 사용 불가.

※답안지는 컴퓨터로 처리되므로 구기거나 더럽히지 마시고, 정답 칸 안에만 쓰십시오. 글씨가 채점란으로 들어오면 오답처리가 됩니다.

전국한자능력검정시험   급   회 답안지

번호	답안란	번호	답안란	번호	답안란	번호	답안란	번호	답안란	번호	답안란
1		26		51		76		101		126	
2		27		52		77		102		127	
3		28		53		78		103		128	
4		29		54		79		104		129	
5		30		55		80		105		130	
6		31		56		81		106		131	
7		32		57		82		107		132	
8		33		58		83		108		133	
9		34		59		84		109		134	
10		35		60		85		110		135	
11		36		61		86		111		136	
12		37		62		87		112		137	
13		38		63		88		113		138	
14		39		64		89		114		139	
15		40		65		90		115		140	
16		41		66		91		116		141	
17		42		67		92		117		142	
18		43		68		93		118		143	
19		44		69		94		119		144	
20		45		70		95		120		145	
21		46		71		96		121		146	
22		47		72		97		122		147	
23		48		73		98		123		148	
24		49		74		99		124		149	
25		50		75		100		125		150	

감독위원	채점위원(1)	채점위원(2)	채점위원(3)	점수
(서명)	(득점) (서명)	(득점) (서명)	(득점) (서명)	/150

■ 사단법인 한국어문회·한자능력검정회 주관

수험번호 □□□-□□-□□□□ 성명 □□□□□
주민등록번호 □□□□□□-□□□□□□□
※ 유성 싸인펜, 붉은색 필기구 사용 불가.
※답안지는 컴퓨터로 처리되므로 구기거나 더럽히지 마시고, 정답 칸 안에만 쓰십시오. 글씨가 채점란으로 들어오면 오답처리가 됩니다.

전국한자능력검정시험   급   회 답안지

번호	답안란	번호	답안란	번호	답안란	번호	답안란	번호	답안란	번호	답안란
1		26		51		76		101		126	
2		27		52		77		102		127	
3		28		53		78		103		128	
4		29		54		79		104		129	
5		30		55		80		105		130	
6		31		56		81		106		131	
7		32		57		82		107		132	
8		33		58		83		108		133	
9		34		59		84		109		134	
10		35		60		85		110		135	
11		36		61		86		111		136	
12		37		62		87		112		137	
13		38		63		88		113		138	
14		39		64		89		114		139	
15		40		65		90		115		140	
16		41		66		91		116		141	
17		42		67		92		117		142	
18		43		68		93		118		143	
19		44		69		94		119		144	
20		45		70		95		120		145	
21		46		71		96		121		146	
22		47		72		97		122		147	
23		48		73		98		123		148	
24		49		74		99		124		149	
25		50		75		100		125		150	

감독위원	채점위원(1)	채점위원(2)	채점위원(3)	점수
(서명)	(득점) (서명)	(득점) (서명)	(득점) (서명)	/150

■ 사단법인 한국어문회·한자능력검정회 주관

수험번호 □□□-□□-□□□□ 성명 □□□□□
주민등록번호 □□□□□□-□□□□□□□
※ 유성 싸인펜, 붉은색 필기구 사용 불가.
※답안지는 컴퓨터로 처리되므로 구기거나 더럽히지 마시고, 정답 칸 안에만 쓰십시오. 글씨가 채점란으로 들어오면 오답처리가 됩니다.

전국한자능력검정시험   급   회 답안지

번호	답안란	번호	답안란	번호	답안란	번호	답안란	번호	답안란	번호	답안란
1		26		51		76		101		126	
2		27		52		77		102		127	
3		28		53		78		103		128	
4		29		54		79		104		129	
5		30		55		80		105		130	
6		31		56		81		106		131	
7		32		57		82		107		132	
8		33		58		83		108		133	
9		34		59		84		109		134	
10		35		60		85		110		135	
11		36		61		86		111		136	
12		37		62		87		112		137	
13		38		63		88		113		138	
14		39		64		89		114		139	
15		40		65		90		115		140	
16		41		66		91		116		141	
17		42		67		92		117		142	
18		43		68		93		118		143	
19		44		69		94		119		144	
20		45		70		95		120		145	
21		46		71		96		121		146	
22		47		72		97		122		147	
23		48		73		98		123		148	
24		49		74		99		124		149	
25		50		75		100		125		150	

감독위원	채점위원(1)		채점위원(2)		채점위원(3)		점수
(서명)	(득점)	(서명)	(득점)	(서명)	(득점)	(서명)	/150

■ 사단법인 한국어문회·한자능력검정회 주관

수험번호 ☐☐☐-☐☐-☐☐☐☐ 성명 ☐☐☐☐☐
주민등록번호 ☐☐☐☐☐☐-☐☐☐☐☐☐☐

※ 유성 싸인펜, 붉은색 필기구 사용 불가.

※답안지는 컴퓨터로 처리되므로 구기거나 더럽히지 마시고, 정답 칸 안에만 쓰십시오. 글씨가 채점란으로 들어오면 오답처리가 됩니다.

전국한자능력검정시험   급   회 답안지

번호	답안란	번호	답안란	번호	답안란	번호	답안란	번호	답안란	번호	답안란
1		26		51		76		101		126	
2		27		52		77		102		127	
3		28		53		78		103		128	
4		29		54		79		104		129	
5		30		55		80		105		130	
6		31		56		81		106		131	
7		32		57		82		107		132	
8		33		58		83		108		133	
9		34		59		84		109		134	
10		35		60		85		110		135	
11		36		61		86		111		136	
12		37		62		87		112		137	
13		38		63		88		113		138	
14		39		64		89		114		139	
15		40		65		90		115		140	
16		41		66		91		116		141	
17		42		67		92		117		142	
18		43		68		93		118		143	
19		44		69		94		119		144	
20		45		70		95		120		145	
21		46		71		96		121		146	
22		47		72		97		122		147	
23		48		73		98		123		148	
24		49		74		99		124		149	
25		50		75		100		125		150	

감독위원	채점위원(1)	채점위원(2)	채점위원(3)	점수
(서명)	(득점) (서명)	(득점) (서명)	(득점) (서명)	/150

모의고사문제정답

3급 제1회

#	답	#	답	#	답
1	솔선	51	매화 매	101	模
2	균열	52	무성할 무	102	老
3	철삭	53	부끄러울 치	103	陣
4	십만	54	감출 장	104	孤
5	탄신	55	맹세 맹	105	休
6	음풍	56	거울 감	106	友
7	접영	57	아내 처	107	配
8	응모	58	부를 빙	108	原告
9	정예	59	닮을 사	109	急行
10	징역	60	더욱 우	110	厚待
11	촉대	61	어긋날 위	111	好況
12	퇴각	62	두루 편	112	死後
13	필경	63	다 개	113	減
14	답곡	64	아득할 망	114	滿
15	망은	65	몇 기	115	勤
16	미로	66	찾을 심	116	易
17	고문	67	큰산 악	117	複
18	기롱	68	덮을 폐	118	聖/第
19	당질	69	잡을 착	119	省
20	고분	70	목마를 갈	120	雪/功
21	망측	71	주릴 기	121	夫
22	미수	72	버릴 기	122	飛/落
23	고엽	73	秀才	123	龍
24	도료	74	硏究	124	里/中
25	매몰	75	熱心	125	街
26	견파	76	起伏	126	病/相
27	근엄	77	巨木	127	德
28	내자	78	輕犯罪	128	②
29	등귀	79	榮華	129	④
30	모험	80	儉素	130	⑦
31	방자	81	觀覽	131	⑨
32	구도	82	競試	132	⑩
33	등용	83	受賞	133	自費
34	방조	84	水上	134	自備
35	막료	85	防衛	135	富商
36	명복	86	警戒	136	負傷
37	밀렵	87	强調	137	負商
38	도약	88	堅固	138	두루마기
39	기왕	89	動靜	139	도무지(전혀)
40	궤범	90	權威的	140	실마리(끄트머리)
41	각축	91	官廳	141	이를 드러냄(웃음)
42	간통	92	親切	142	얄미움
43	기피	93	奉仕	143	車
44	도전	94	變身	144	飛
45	반납	95	旅券	145	子
46	겸손할 겸	96	支持	146	齒
47	아낄 석	97	廣域市	147	人
48	되살아날 소	98	吉	148	仮/販
49	부드러울 유	99	希	149	実/質
50	조정 정	100	客	150	覚/学

3급 제2회

#	답	#	답	#	답
1	알현	51	찌를 충	101	收
2	비율	52	값 치	102	去
3	탁본	53	욕심 욕	103	明
4	다실	54	번역할 역	104	終
5	호오	55	어긋날 착	105	死
6	번뇌	56	재앙 화	106	街
7	교섭	57	장수 수	107	相
8	선린	58	슬퍼할 개	108	加害
9	와병	59	오직 유	109	閉會
10	쾌청	60	속일 기	110	義務
11	미궁	61	폭 폭	111	屈服
12	교졸	62	무릎쓸 모	112	具體
13	약진	63	이끌 견	113	優
14	완수	64	기러기 안	114	淸
15	체포	65	이에 내	115	取
16	망연	66	참혹할 참	116	喜
17	교정	67	줄 사	117	賢
18	영빈	68	빌 걸	118	是
19	외경	69	떠다닐 표	119	風/月
20	초략	70	어찌 나	120	殺
21	담박	71	어깨 견	121	器/成
22	공천	72	이 사	122	孤
23	영세	73	雜費	123	頭/肉
24	유창	74	離陸	124	子
25	증여	75	英雄	125	者/黑
26	구축	76	獨占	126	說
27	변제	77	群衆	127	世/態
28	수하	78	險難	128	②
29	오호	79	觀察	129	④
30	작록	80	四季節	130	①
31	만방	81	根據	131	③
32	요통	82	所聞	132	②
33	서안	83	海兵隊	133	簡單
34	옹호	84	勇敢	134	拒否
35	혐의	85	歡送	135	境界
36	묘판	86	規模	136	舊面
37	소환	87	省墓	137	今期
38	염치	88	直接	138	싹이 틈
39	엽기	89	經驗	139	여러 차례
40	휘호	90	投資	140	굶주림
41	근조	91	居住	141	잘못
42	속현	92	隱密	142	거친 들판
43	위배	93	郵便	143	豕
44	타결	94	養鷄場	144	鼻
45	확장	95	彈力	145	鹵
46	드물 희	96	疲困	146	肉/月
47	단장할 장	97	解放	147	又
48	집 주	98	散	148	挙/当
49	임할 림	99	味	149	尽/脉
50	잃을 상	100	訪	150	売/読

3급 제3회

#	답	#	답	#	답
1	생략	51	돌 선	101	遠
2	난이	52	사랑 자	102	招
3	혐오	53	깎을 삭	103	柳
4	성수	54	정수리 정	104	覽
5	보시	55	따를 수	105	和
6	예각	56	차례 질	106	當
7	가붕	57	깨달을 오	107	積
8	순환	58	어찌 내	108	實在
9	권미	59	가물 한	109	加熱
10	술좌	60	모을 모	110	受理
11	기망	61	비단 견	111	無能
12	오점	62	물리칠 척	112	極貧
13	기민	63	논 답	113	屈
14	윤삭	64	짝 필	114	低
15	미아	65	맛볼 상	115	給
16	은괴	66	보낼 견	116	慶
17	고뇌	67	액 액	117	罰
18	운위	68	상서 상	118	否
19	경진	69	읊을 음	119	玉/葉
20	연방	70	물가 애	120	痛
21	남발	71	다 함	121	淸/氣
22	용졸	72	천거할 천	122	動
23	낙루	73	病床	123	水/明
24	위구	74	孤立	124	善
25	나변	75	眼科	125	大/失
26	휴대	76	鉛筆	126	花
27	도탄	77	證人	127	登/仙
28	훼손	78	討議	128	③
29	돈독	79	紀行文	129	①
30	후작	80	血緣	130	①
31	돈사	81	組合	131	②
32	효종	82	繼承	132	③
33	모범	83	探査	133	良識
34	황혼	84	選別	134	洋式
35	모소	85	推進	135	樣式
36	고갈	86	持參	136	糧食
37	반란	87	祕密	137	洋食
38	형통	88	雜穀	138	가슴부위
39	봉밀	89	模唱	139	이웃집
40	태만	90	書籍	140	아무 곳
41	봉분	91	海底	141	하물며
42	편답	92	威勢	142	다리미
43	빈번	93	結局	143	日
44	판촉	94	根源	144	心
45	사취	95	黨員	145	土
46	날개 익	96	構成	146	佳
47	꾈 유	97	條約	147	鳥
48	베풀 진	98	樂	148	軽/経
49	호소할 소	99	災	149	変/争
50	닮을 초	100	確/堅	150	来/断

모의고사문제정답

3급 제4회

#	답	#	답	#	답
1	삼경	51	불을 윤	101	慮
2	비운	52	뽕나무 상	102	急
3	주역	53	놀이 희	103	就
4	설탕	54	용서할 서	104	黨
5	폐색	55	그을 획	105	洗
6	영시	56	중 승	106	賊
7	가련	57	바꿀 환	107	次
8	수모	58	별 경	108	精神
9	가판	59	어조사 야	109	連結
10	빙장	60	칠할 도	110	革新
11	각료	61	엉길 응	111	間接
12	비첩	62	울 읍	112	完備
13	건답	63	돼지 해	113	靜
14	신유	64	더할 첨	114	利
15	계류	65	벼슬 경	115	暗
16	자만	66	거리 항	116	落
17	괘념	67	여러 서	117	長
18	재상	68	돋울 도	118	堅/不
19	구경	69	뛸 약	119	信
20	절청	70	사당 묘	120	母/三
21	구현	71	어찌 해	121	適
22	조도	72	맹세할 서	122	婚/祭
23	궐자	73	祝儀	123	會
24	조폐	74	依支	124	世/感
25	근신	75	氣候	125	禮
26	둔영	76	衆智	126	至/境
27	근하	77	歡迎	127	間
28	준걸	78	待遇	128	①
29	모집	79	遺産	129	③
30	질부	80	遊覽	130	④
31	갈증	81	適當	131	②
32	징벌	82	避身	132	①
33	음미	83	逃亡	133	有毒
34	참개	84	細胞	134	作定
35	윤년	85	判決	135	孝誠
36	파지	86	心腸	136	助手
37	육묘	87	慰勞	137	潮水
38	춘소	88	溫厚	138	두루미
39	위약	89	憲法	139	얼어붙음
40	침략	90	映畫	140	너럭바위
41	안노	91	憤怒	141	예수
42	쾌재	92	怨恨	142	붓을 휘둘러 글씨를 씀
43	수모	93	覺書	143	夕
44	탄환	94	通帳	144	谷
45	선서	95	爆音	145	甘
46	꿸 관	96	燃料	146	士
47	어릴 유	97	先烈	147	戈
48	주먹 권	98	常	148	将/奬
49	집 우	99	恩	149	灯/拠
50	뛰어넘을 초	100	庫	150	写/与

3급 제5회

#	답	#	답	#	답
1	부흥	51	물결 랑	101	貿易
2	낙토	52	계집 낭	102	協會
3	오한	53	봉우리 봉	103	기업
4	쇄도	54	갓 관	104	資金
5	상강	55	꿈 몽	105	大統領
6	여배	56	칼 검	106	측근
7	혼영	57	언덕 릉	107	問題
8	연계	58	벼 도	108	苦痛
9	하사	59	갈릴 체	109	指導層
10	애련	60	펼 서	110	新鮮
11	투구	61	누릴 향	111	良識
12	순국	62	버들 양	112	制度
13	총기	63	돼지 돈	113	自體
14	신종	64	마땅 의	114	우려
15	관대	65	미혹할 미	115	强化
16	의혹	66	잡을 체	116	效果
17	조상	67	예 석	117	判斷
18	숙박	68	도타울 독	118	敎育
19	인촌	69	어찌 언	119	繼續
20	수모	70	눈썹 미	120	形便
21	인질	71	말이을 이	121	유치원
22	섭정	72	오랑캐 이	122	主張
23	종묘	73	勉	123	共用
24	비위	74	料	124	主觀
25	척화	75	貨	125	直系
26	빈번	76	調	126	榮轉
27	추출	77	存	127	必然
28	부역	78	屬	128	②
29	파장	79	終	129	①
30	상시	80	將	130	③
31	항설	81	極	131	④
32	분묘	82	節	132	④
33	홍모	83	呼	133	救助
34	복채	84	着	134	構造
35	용렬	85	眞	135	紀元
36	방만	86	豊/吉	136	起源
37	요동	87	怨	137	劇團
38	모처	88	卷	138	바로 이 시간
39	영준	89	過/不	139	얼마 되지 않음
40	돈후	90	背	140	둘레의 선
41	예서	91	見/授	141	쫓아 냄
42	고목	92	鄕	142	몹시 노함
43	운무	93	鷄/牛	143	女
44	고도	94	心	144	門
45	재배	95	公/移	145	内
46	다리 각	96	世	146	風
47	도울 부	97	價/紅	147	大
48	계수나무 계	98	經濟	148	単/战(戰)
49	밥 반	99	職員	149	囲/応
50	거문고 금	100	決定	150	覧/坚

3급 제6회

#	답	#	답	#	답
1	통찰	51	벼리 유	101	紅
2	패배	52	신령 령	102	協
3	경장	53	쇠사슬 쇄	103	將
4	숙항	54	그리워할 련	104	帝
5	생신	55	참을 인	105	趣
6	서술	56	자세할 상	106	悲
7	연민	57	곧을 정	107	賣
8	수긍	58	바꿀 체	108	未決
9	간음	59	땅 곤	109	落第
10	수색	60	집 헌	110	確然
11	증세	61	진칠 둔	111	傑作
12	순장	62	돌아볼 고	112	絶對
13	개근	63	다스릴 섭	113	厚
14	암송	64	도타울 돈	114	實
15	경배	65	범 인	115	福
16	압류	66	민첩할 민	116	榮
17	괘도	67	뽑을 초	117	暖
18	애첩	68	쪼갤 석	118	魚/頭
19	괴색	69	둘레 곽	119	無
20	약탈	70	나 여	120	經/天
21	쾌적	71	꿀 밀	121	骨
22	여론	72	분초 초	122	金/城
23	규성	73	保障	123	離
24	위폐	74	面積	124	減/減
25	근교	75	徒步	125	家
26	유사	76	烈士	126	路/花
27	기각	77	終映	127	衣
28	제방	78	傾向	128	①
29	묘당	79	應試	129	③
30	제향	80	不遇	130	⑥
31	방계	81	普通	131	⑧
32	제후	82	時機	132	⑩
33	배알	83	反轉	133	演技
34	절도	84	慰問	134	煙氣
35	번역	85	粉乳	135	連記
36	준엄	86	燃燈	136	延期
37	병풍	87	憲章	137	年紀
38	포만	88	平均	138	마땅히
39	부표	89	財團	139	엿기름
40	포부	90	招請	140	우리들
41	부임	91	市廳	141	버릇
42	현감	92	環境	142	머리를 깎음
43	붕괴	93	參席	143	氏
44	해박	94	戰鬪	144	血
45	상운	95	講師	145	九
46	기울 보	96	遺業	146	弓
47	연할 연	97	優待	147	黑
48	부호 부	98	加	148	継/数
49	제비 연	99	整	149	粛/貞
50	낮을 비	100	婚	150	权/劝

모의고사문제정답

3급 제7회

#	답	#	답	#	답
1	상장	51	솜 면	101	配
2	투항	52	자랑할과	102	速
3	표지	53	우레 뢰	103	理
4	감쇄	54	이바지할공	104	模
5	부활	55	남녘 병	105	落
6	보편	56	말탈 기	106	評
7	도열	57	맡을 사	107	製/造
8	분노	58	이 자	108	依存
9	명상	59	싫어할혐	109	複雜
10	붕어	60	촛불 촉	110	約婚
11	모경	61	형통할형	111	損害
12	맹수	62	걸 괘	112	外延
13	탈취	63	흙덩이괴	113	密
14	삭망	64	오를 등	114	送
15	종횡	65	술부을작	115	簡
16	섭렵	66	머무를박	116	背
17	반역	67	뽑을 추	117	師/兄
18	여휘	68	수레 여	118	感/量
19	예감	69	반딧불형	119	衣
20	소점	70	방자할자	120	綠/草
21	미간	71	어조사혜	121	生
22	소란	72	귀밝을총	122	獨/靑
23	망극	73	設置	123	福
24	습작	74	制限	124	榮/盛
25	만화	75	勤勞	125	伏
26	묵향	76	段階	126	守/待
27	둔탁	77	誠實	127	齒
28	수면	78	毛髮	128	①
29	채무	79	健康	129	⑥
30	수반	80	辯護士	130	⑦
31	단호	81	擔任	131	⑨
32	숙질	82	金額	132	⑪
33	관철	83	赤字	133	針線
34	초월	84	漁民	134	銃器
35	남획	85	現狀	135	淸算
36	압운	86	創造的	136	道場
37	고집	87	差異	137	未收
38	염가	88	進就	138	가족관계를 기록한 책
39	검열	89	健鬪	139	더 보탬
40	오읍	90	顯忠日	140	더욱 심함
41	기권	91	花環	141	숨겨놓은 방법
42	오염	92	改革	142	얼마
43	혼숙	93	勸酒	143	革
44	연주	94	準備	144	舛
45	변증	95	過激	145	田
46	벼리 강	96	看病	146	干
47	떨칠 분	97	飮酒	147	豕
48	사이뜰격	98	災	148	楽/薬
49	의뢰할뢰	99	引	149	仝/悪
50	겸할 겸	100	分	150	区/図

3급 제8회

#	답	#	답	#	답
1	색인	51	문서 부	101	鐵
2	요새	52	적을 과	102	秀
3	획책	53	잠잠할묵	103	寶
4	현치	54	긴할 긴	104	稅
5	무역	55	밟을 리	105	識
6	보좌	56	질그릇도	106	態
7	희사	57	이을 락	107	潔
8	봉접	58	부끄러울괴	108	脫退
9	휘점	59	담 장	109	平等
10	비열	60	노략질략	110	異議
11	훼상	61	소 축	111	承認
12	빈도	62	나물 소	112	離婚
13	후사	63	서로 호	113	閉
14	사칭	64	들 교	114	過
15	횡액	65	바로잡을교	115	美
16	생애	66	살펴알량	116	鄕
17	응소	67	불쌍히여길련	117	武
18	소상	68	배반할반	118	極/恩
19	의지	69	나라 방	119	八
20	순직	70	떠들 소	120	前/食
21	인근	71	조 속	121	分
22	신해	72	읊을 영	122	友/信
23	인척	73	旅客	123	勝
24	악취	74	對備	124	無/親
25	작위	75	衆論	125	官
26	양돈	76	援助	126	秋/景
27	전파	77	公私	127	田
28	여적	78	季節	128	④
29	졸필	79	敢鬪	129	②
30	연안	80	威嚴	130	③
31	반환	81	勸告	131	①
32	연체	82	歡呼	132	④
33	매장	83	殘務	133	感想
34	오만	84	鷄卵	134	感賞
35	망각	85	模造品	135	競走
36	참패	86	歸省	136	慶州
37	누차	87	訓戒	137	點燈
38	창달	88	劇場	138	칠하는 재료
39	남여	89	證書	139	반드시
40	축록	90	牛乳	140	울면서 호소함
41	기증	91	雄壯	141	엉긴 피
42	파업	92	豫防	142	너희들
43	궤도	93	現狀	143	木
44	편파	94	廣野	144	木
45	구면	95	或是	145	黃
46	이길 극	96	深刻	146	二
47	작을 미	97	核心	147	夕
48	북 고	98	盜	148	檢/儉
49	썩을 부	99	當	149	辺/関
50	줄기 간	100	間	150	乱/辞

3급 제9회

#	답	#	답	#	답
1	복명	51	이미 이	101	冷
2	경솔	52	깨끗할정	102	視
3	상쇄	53	건널 도	103	繼
4	댁내	54	우레 진	104	驗
5	형상	55	무역할무	105	訪
6	열람	56	닿을 촉	106	續
7	가매	57	만날 봉	107	擇
8	열악	58	재상 재	108	入院
9	개탄	59	물방울적	109	友好
10	예민	60	쫓을 축	110	流動
11	경계	61	베개 침	111	冷情
12	오리	62	어조사호	112	平面
13	경작	63	어두울혼	113	經
14	수정	64	욀 송	114	攻
15	공모	65	함께 구	115	君
16	제애	66	어조사재	116	勞
17	교체	67	사냥 렵	117	存
18	좌와	68	냄새 취	118	鬪
19	구박	69	잔 배	119	然/氣
20	지각	70	터럭 호	120	無
21	권의	71	가둘 수	121	樹/百
22	지폐	72	찾을 수	122	應
23	궐야	73	判決	123	本/源
24	추잡	74	刑罰	124	絶
25	귀감	75	糧穀	125	門/針
26	타루	76	結負	126	馬
27	근계	77	回甲	127	酒/肉
28	파면	78	簡略	128	④
29	배영	79	周圍	129	②
30	제휴	80	喜報	130	③
31	금기	81	餘暇	131	①
32	중용	82	窮地	132	②
33	방관	83	宣敎	133	史庫
34	청렴	84	寢室	134	思考
35	도장	85	閑散	135	四苦
36	한재	86	調整	136	私考
37	낭만	87	降等	137	事故
38	혼탁	88	驚異	138	꽃가루
39	노예	89	歸家	139	사이/틈
40	천거	90	勤儉	140	새벽별
41	단모	91	龍宮	141	얼마에서얼마까지
42	형설	92	年輪	142	뜻밖에
43	여망	93	段數	143	至
44	표류	94	勉學	144	寸
45	연상	95	歌舞	145	田
46	품을 회	96	複線	146	而
47	오히려상	97	答辯	147	髟
48	호걸 호	98	慮	148	国/宝
49	꾸밀 식	99	爭	149	党/麗
50	북방 임	100	蓄	150	旧/児

모의고사문제정답

3급 제10회

#	답	#	답	#	답
1	다례	51	주울 습	101	工夫
2	가악	52	머금을함	102	試驗
3	역지	53	모래 사	103	積極
4	솔직	54	벨 할	104	勸奬
5	답장	55	새 봉	105	最近
6	필수	56	땀 한	106	報道
7	궐후	57	속 리	107	能力
8	혹야	58	즐길 오	108	調査
9	인내	59	떨어질타	109	結果
10	혼인	60	훔칠 절	110	事態
11	근소	61	기러기홍	111	程度
12	호선	62	클 홍	112	就職
13	급박	63	몰 구	113	餘波
14	체취	64	두려울구	114	現實
15	냉각	65	번역할번	115	副作用
16	초침	66	떨어질령	116	解消
17	단지	67	드디어수	117	與件
18	연금	68	번거로울번	118	變化
19	도발	69	거만할오	119	影響
20	종돈	70	슬플 오	120	傳統
21	습관	71	바로잡을정	121	對應
22	조의	72	나비 접	122	敎科書
23	원혼	73	惡	123	悲觀
24	절요	74	髮	124	朗讀
25	동이	75	仁	125	報恩
26	변별	76	則	126	是認
27	만담	77	窮	127	當番
28	반송	78	經	128	②
29	망막	79	範	129	④
30	삭풍	80	端	130	①
31	돈목	81	高	131	④
32	섭리	82	設	132	③
33	추호	83	增/加	133	白米
34	사약	84	假/僞	134	銅線
35	타당	85	衆	135	名聲
36	쌍분	86	尊/高	136	誤記
37	탐욕	87	反	137	山城
38	성령	88	差	138	우스움
39	공룡	89	雪/加	139	만일에
40	약동	90	鼻	140	옮겨 심음
41	포식	91	良/擇	141	빚
42	염탐	92	達	142	반드시
43	포착	93	無/人	143	門
44	영회	94	患	144	耳
45	폐물	95	如/氷	145	鬼
46	넓을 호	96	命	146	鬥
47	밟을 천	97	深/考	147	食
48	굴 혈	98	關心	148	镸/镸
49	토할 토	99	退步	149	濟/爲
50	검을 현	100	深度	150	圧/芸

3급 제11회

#	답	#	답	#	답
1	탁지	51	넘어질도	101	放
2	유세	52	편안 녕	102	鬪/戰
3	다기	53	밤 률	103	怨
4	교역	54	미칠 광	104	留/止
5	변소	55	모양 모	105	境
6	알묘	56	강철 강	106	虛
7	환약	57	비낄 사	107	織
8	수검	58	맡길 탁	108	危險
9	화폐	59	바퀴자국궤	109	多樣
10	빙소	60	벼 화	110	接近
11	화촉	61	동료 료	111	非難
12	별첨	62	그 궐	112	祕密
13	화접	63	병풍 병	113	益
14	봉기	64	사슴 록	114	盛
15	혼미	65	누구 수	115	首
16	분초	66	졸음 수	116	缺/入/納
17	혐기	67	씻을 탁	117	授/與
18	요대	68	둑 제	118	興/差
19	해안	69	거둘 확	119	婦
20	예속	70	흐릴 탁	120	食/事
21	필적	71	나란히병	121	改
22	우선	72	넓힐 확	122	快/亂
23	필납	73	姿勢	123	惡
24	영점	74	資格	124	暖/風
25	폭등	75	盜賊	125	馬
26	엽총	76	居室	126	口/乳
27	포옹	77	屈折	127	德
28	변상	78	階級	128	①
29	폐기	79	陣痛	129	③
30	귀두	80	隱退	130	⑤
31	추태	81	郵票	131	⑦
32	도벽	82	疲勞	132	⑨⑩
33	추천	83	投手	133	負役
34	계축	84	閑暇	134	比等
35	총판	85	孤獨	135	港口
36	처서	86	鼻孔	136	財數
37	총민	87	眼鏡	137	再修
38	조갈	88	炭鑛	138	자못 많다
39	이멸	89	打鐘	139	정해진시각보다늦음
40	참작	90	針術	140	달콤한 말
41	저렴	91	證據	141	왕실의 사당
42	치졸	92	校誌	142	물렁뼈
43	절현	93	探究	143	聿
44	천근	94	討論	144	衣
45	신장	95	評價	145	穴
46	간절할간	96	西紀	146	佳
47	장막 막	97	因緣	147	鳥
48	바칠 공	98	墓	148	広/鉱
49	책력 력	99	報	149	点/无
50	경기 기	100	貧	150	伝/転

3급 제12회

#	답	#	답	#	답
1	진솔	51	빌릴 차	101	康
2	이행	52	치마 상	102	記
3	심청	53	억조 조	103	繼
4	규탁	54	마을 서	104	備
5	횡포	55	잠길 잠	105	技
6	졸렬	56	풀 석	106	歸
7	명계	57	손바닥장	107	虛
8	징계	58	비록 수	108	怨恨
9	차압	59	탐낼 탐	109	統合
10	을묘	60	누울 와	110	分斷
11	차치	61	새벽 효	111	理想
12	은폐	62	조상할조	112	富者
13	참괴	63	여러 루	113	親
14	유우	64	낳을 탄	114	表
15	척후	65	벌 봉	115	進
16	위헌	66	얽힐 규	116	早
17	천례	67	두려워할외	117	集
18	우귀	68	눈물 루	118	才
19	첨단	69	게으를태	119	龍/頭
20	요란	70	점 복	120	天
21	청우	71	제후 후	121	鼻/三
22	오욕	72	누구 숙	122	客
23	초역	73	成績	123	擧/案
24	아사	74	組織	124	尊
25	파기	75	國籍	125	夫/婦
26	순교	76	縮小	126	勇
27	파천	77	紅茶	127	高/安
28	소각	78	中繼	128	①
29	편의	79	嚴選	129	④
30	송독	80	指揮	130	③
31	편주	81	抗爭	131	②
32	병렬	82	類推	132	①
33	포섭	83	招待	133	童謠
34	사학	84	應援	134	冬至
35	포환	85	拍車	135	同志
36	비참	86	損失	136	讀者
37	탁주	87	所持	137	獨自
38	분망	88	批評	138	인재를 뽑아 씀
39	혼절	89	採用	139	널리 알림
40	배반	90	攻擊	140	종이로 만든 돈
41	의구	91	神祕	141	원고료
42	묘의	92	積金	142	거짓으로 속임
43	활약	93	玉篇	143	巾
44	귀선	94	穀食	144	未
45	회포	95	筋肉	145	小
46	맑을 아	96	模範	146	香
47	주춧돌초	97	血管	147	丿
48	짝 우	98	謠/曲	148	労/栄
49	취할 취	99	價	149	乞/参
50	보낼 수	100	覺	150	卆/雑

모의고사문제정답

3급 제13회

#	답	#	답	#	답
1	세객	51	부를 징	101	潔
2	항복	52	불 취	102	歡
3	비색	53	떨칠 진	103	造/製
4	갱생	54	밝을 철	104	敬
5	반야	55	찔 증	105	聽
6	양봉	56	자 척	106	堅/確
7	훼모	57	곧 즉	107	惠
8	여례	58	배 리	108	異常
9	회고	59	준걸 준	109	散在
10	소반	60	갈 부	110	減退
11	확산	61	자못 파	111	義務
12	유식	62	입술 순	112	退場
13	화창	63	빛날 휘	113	急
14	압수	64	흔들 요	114	與
15	목축	65	거만할 만	115	隱
16	기아	66	잡을 파	116	降
17	이체	67	벗 붕	117	陰
18	반기	68	겨우 근	118	事
19	인시	69	허리 요	119	年/交
20	묘유	70	무덤 분	120	秀
21	인접	71	좇을 준	121	武/源
22	모욕	72	돌 순	122	慶
23	재액	73	簡單	123	山/世
24	인쇄	74	在庫	124	卵
25	절규	75	座席	125	今/感
26	귀빈	76	委任	126	口
27	점등	77	優勝	127	非/視(聽)
28	관료	78	姉妹	128	②
29	추모	79	專攻	129	⑥
30	구존	80	結婚	130	⑦
31	추상	81	妨害	131	⑧
32	구차	82	妙技	132	⑩
33	추심	83	困難	133	射技
34	번성	84	周邊	134	士氣
35	파직	85	過激	135	史記
36	가수	86	儒敎	136	寺基
37	첨예	87	黨派	137	社旗
38	간섭	88	混雜	138	지름
39	변명	89	原狀	139	제비꼬리
40	강간	90	機會	140	새는 물
41	봉작	91	構想	141	눈썹사이
42	교도	92	模樣	142	칠장이
43	길상	93	商標	143	女
44	곤전	94	條件	144	龍
45	비약	95	傑出	145	疋
46	치우칠편	96	傾聽	146	月
47	꾀 책	97	負傷	147	／
48	사무칠투	98	髮	148	錢/殘
49	잡을 집	99	創	149	擔/鷄
50	탑 탑	100	討	150	壯/裝

3급 제14회

#	답	#	답	#	답
1	복고	51	맏 백	101	稱
2	삭막	52	골 뇌	102	處
3	갱지	53	새길 명	103	任
4	다방	54	집 관	104	練
5	척살	55	이 차	105	溫
6	준법	56	열 계	106	聲
7	호혜	57	나물 채	107	辭
8	한적	58	마칠 파	108	否決
9	혈루	59	다만 지	109	經度
10	계수	60	이끌 휴	110	急性
11	허기	61	팔 판	111	複式
12	완료	62	즐길 긍	112	操心
13	근사	63	어찌 기	113	貴
14	오기	64	무너질붕	114	得
15	함지	65	더딜 지	115	婦
16	당돌	66	줄 증	116	起
17	피안	67	없을 망	117	始
18	단서	68	꺼릴 기	118	晝/讀
19	포문	69	새벽 신	119	逆
20	혜택	70	바쁠 망	120	盡/國
21	패물	71	화폐 폐	121	無
22	수양	72	손 빈	122	朝/四
23	파종	73	看護	123	絶
24	투시	74	印朱	124	遺/年
25	토순	75	革新	125	水
26	빈발	76	頌德	126	和/同
27	피해	77	華麗	127	待
28	병거	78	顯達	128	①
29	탐관	79	鬪爭	129	③
30	매체	80	歎息	130	②
31	우대	81	趣味	131	①
32	민박	82	就學	132	③
33	심상	83	負擔	133	職場
34	반도	84	珍品	134	主義
35	저장	85	忠犬	135	周衣
36	포획	86	飮酒	136	注意
37	청작	87	服從	137	主意
38	승무	88	保存	138	살펴서 앎
39	첨삭	89	赤潮	139	매우 가난함
40	간청	90	靜脈	140	썩음
41	계곡	91	疑問	141	물에떠서흐름
42	모두	92	危機	142	마땅히 그러함
43	참분	93	營農	143	高
44	순면	94	延着	144	行
45	죄수	95	殘額	145	寸
46	집 각	96	崇拜	146	亠
47	사내 랑	97	嚴肅	147	川
48	두려울공	98	增	148	兩/滿
49	제사 사	99	退/逝	149	龍/屬
50	꾀할 기	100	擊	150	師/歸

3급 제15회

#	답	#	답	#	답
1	구두	51	굳을 경	101	受驗生
2	포악	52	저 피	102	總評
3	계획	53	기계 계	103	提示
4	뇌쇄	54	개 포	104	答紙
5	녹차	55	활 궁	105	自身
6	번안	56	허파 폐	106	主張
7	건곤	57	당나라당	107	科學的
8	병설	58	속일 사	108	根據
9	경조	59	더울 서	109	否定
10	분석	60	부끄러울참	110	過程
11	공작	61	둔할 둔	111	論理
12	무산	62	화창할창	112	비약
13	구사	63	건널 섭	113	期待
14	소채	64	생각할유	114	水準
15	근량	65	밝을 소	115	化合物
16	수사	66	누를 압	116	方式
17	심방	67	본뜰 방	117	質問
18	휘광	68	재앙 앙	118	部位
19	금석	69	청렴할렴	119	認識
20	혼수	70	갤 청	120	硏究
21	기혼	71	뾰족할첨	121	創意
22	향락	72	뛸 도	122	朝鮮
23	다망	73	經	123	積極
24	해석	74	慮/考/想	124	缺席
25	만료	75	擊	125	開放
26	패류	76	果	126	建設
27	명부	77	盛	127	巨富
28	타협	78	濟	128	②
29	모경	79	委	129	①
30	타락	80	助	130	④
31	연미	81	段	131	③
32	초빙	82	連	132	④
33	모반	83	私	133	徒勞
34	첩실	84	縮	134	協約
35	모씨	85	常	135	香水
36	준수	86	熱/溫	136	前半
37	우방	87	逆	137	理解
38	임술	88	不/安	138	벌의 꿀
39	유영	89	破	139	눈깜짝할사이
40	작부	90	者/必	140	세금을 면제함
41	우심	91	轉	141	헤엄
42	전답	92	計/無	142	낮잠
43	완만	93	發	143	門
44	동몽	94	終/如	144	口
45	수역	95	遇	145	靑
46	하례할하	96	脫/不	146	川
47	진흙 니	97	歎	147	辛
48	마칠 필	98	對備	148	價/獨
49	지름길경	99	系列別	149	琢/條
50	단풍 풍	100	混亂	150	隱/團

모의고사문제정답

#	3급 제16회	#		#		#	3급 제17회	#		#		#	3급 제18회	#		#	
1	회오	51	땀 한	101	墓	1	탁족	51	업신여길모	101	鬪爭	1	간척	51	점 복	101	威壓
2	답습	52	이에 내	102	引	2	이구	52	집 헌	102	財源	2	파천	52	잔 배	102	衆智
3	읍소	53	맛볼 상	103	賊	3	막료	53	베개 침	103	敎授	3	혐의	53	칠할 도	103	就寢
4	오한	54	담 장	104	災	4	혐오	54	진칠 둔	104	身分證	4	내한	54	노략질략	104	離婚
5	척사	55	누구 숙	105	革/膚	5	우둔	55	큰산 악	105	遺産	5	사약	55	멀 요	105	爆彈
6	증발	56	덮을 폐	106	模	6	현악	56	냄새 취	106	明快	6	서량	56	사당 묘	106	從屬
7	이수	57	어찌 나	107	庫	7	석탄	57	마칠 파	107	引導	7	번뇌	57	새벽 효	107	郵送
8	관후	58	쪼갤 석	108	②	8	축출	58	맹세할서	108	寒/冷	8	균열	58	즐길 긍	108	疲困
9	연암	59	부르짖을규	109	①	9	의뢰	59	늙은이옹	109	眞	9	졸렬	59	집 헌	109	標識板
10	유예	60	비록 수	110	④	10	건륭	60	조카 질	110	淸	10	통촉	60	아득할망	110	歡喜
11	면려	61	짝 필	111	④	11	한해	61	잊을 망	111	貧	11	한증	61	온당할타	111	缺員
12	첨예	62	누울 와	112	①	12	겸비	62	자주 빈	112	損	12	매몰	62	펼 서	112	極刑
13	치졸	63	찾을 심	113	深	13	견련	63	뛸 도	113	喜	13	염치	63	둘레 곽	113	狀況
14	필수	64	친척 척	114	縮	14	폐론	64	어찌 나	114	將	14	응체	64	화살 시	114	燃料
15	견장	65	불 취	115	經	15	직파	65	어두울명	115	背	15	오염	65	벼슬 작	115	抗議
16	고려	66	벼 도	116	歡/慶/樂	16	열패	66	분별할변	116	田	16	창달	66	비록 수	116	探險隊
17	응체	67	돌 순	117	取	17	숙려	67	보낼 견	117	迎	17	우극	67	짝 필	117	推測
18	점등	68	갈 서	118	望	18	폐단	68	닮을 사	118	貯	18	돌궐	68	형통할형	118	開放
19	휴대	69	즐길 긍	119	眞	19	경솔	69	조 속	119	賣	19	참괴	69	물방울적	119	選擇
20	율곡	70	어두울명	120	損	20	맹습	70	무너질붕	120	觀/監	20	편의	70	어조사의	120	拒否
21	오염	71	별 경	121	慶	21	척살/자살	71	펼 신	121	現	21	서원	71	재상 재	121	尊貴
22	괘념	72	반딧불형	122	勤	22	함몰	72	불쌍히여길련	122	橋	22	관인	72	떳떳할용	122	奇數
23	알현	73	殘	123	甘	23	간격	73	段階	123	貴	23	탄신	73	節稅	123	㉯
24	희미	74	築	124	鄕	24	예리	74	墓碑	124	愛	24	기갈	74	儀禮	124	㉯
25	계몽	75	姿	125	龍	25	기괴	75	轉移	125	助	25	간기	75	綠陰	125	㉰
26	포옹	76	鷄	126	適	26	정체	76	假髮	126	命	26	지둔	76	寶庫	126	㉮
27	참괴	77	揮	127	刻	27	읍소	77	讚辭	127	査	27	체증	77	獨走	127	㉱
28	균열	78	制憲節	128	間/勢	28	과수	78	脫穀	128	象	28	유취	78	盛	128	鳴
29	횡포	79	檀紀	129	飛	29	남획	79	進路	129	粉	29	이체	79	伏	129	益
30	이체	80	危機	130	差	30	섭렵	80	眼鏡	130	氷	30	누송	80	經	130	鄕
31	기갈	81	隱退	131	齒	31	제휴	81	防犯	131	破	31	읍소	81	罰	131	齒
32	기각	82	複寫	132	鬪	32	하사	82	範圍	132	遇	32	계축	82	叔	132	波
33	예서	83	採擇	133	佳	33	맹방	83	乳齒	133	解/白	33	척살	83	望	133	緣
34	막료	84	整備	134	鼓	34	영예	84	義士	134	賊	34	소채	84	勤	134	顯
35	발군	85	增額	135	行	35	궤적	85	謝意	135	孤	35	포착	85	婦	135	危
36	매몰	86	寄與	136	禾	36	징치	86	職場	136	客	36	호접	86	厚	136	更
37	엽기	87	批判	137	車	37	과시	87	公園	137	步	37	외구	87	縮	137	背
38	소루	88	遊覽	138	孝誠	38	주조	88	①	138	검사를 받음	38	인방	88	模	138	임금이세상을떠남
39	간섭	89	傾聽	139	解禁	39	계해	89	④	139	책을엮고지음	39	유구	89	引	139	함부로 잡음
40	준수	90	確認	140	再拜	40	건각	90	⑥	140	열흘만에장사지냄	40	우익	90	堅/確	140	마음에 걸림
41	창달	91	就航	141	官用	41	암송	91	⑩	141	일흔 살	41	피체	91	覽	141	거짓 항복함
42	타협	92	餘暇	142	港口	42	삭탈	92	⑬	142	낮잠	42	단지	92	組	142	임지로 감
43	간담	93	驚歎	143	복을 내림	43	무산	93	趣味	143	子	43	율곡	93	客	143	++
44	압운	94	辭典	144	돼지우리	44	귀감	94	選擧	144	頁	44	견장	94	災	144	木
45	회의	95	威嚴	145	짐의 무게	45	향년	95	降雪量	145	口	45	수색	95	革	145	子
46	물가 애	96	極讚	146	약속을 어김	46	너 여	96	殘額	146	舛	46	겨우 근	96	收	146	皿
47	모 묘	97	郵票	147	조카며느리	47	마를 고	97	指向的	147	馬	47	어찌 기	97	助	147	佳
48	병풍 병	98	靜	148	珍	48	병풍 병	98	減縮	148	广	48	어두울명	98	周易	148	珍
49	날개 익	99	亂	149	圍	49	배 주	99	祕密	149	桀	49	얽힐 규	99	脫營	149	竜
50	사당 묘	100	招	150	劝	50	허리 요	100	季節	150	傳	50	토끼 묘	100	隱密	150	与

모의고사문제정답

3급 제19회

#	답	#	답	#	답
1	강하	51	베개 침	101	淸算
2	과장	52	아름다울가	102	權威
3	할인	53	눈썹 미	103	同質視
4	첨단	54	열흘 순	104	責任
5	유세	55	잔 배	105	結果
6	간판	56	벌 봉	106	知識
7	내왕	57	얼 동	107	適用
8	맹방	58	살찔 비	108	㉣
9	근황	59	집 우	109	㉤
10	구비	60	떨어질타	110	㉥
11	향락	61	두루 주	111	㉦
12	음미	62	허락할낙	112	㉧
13	질부	63	빠질 몰	113	勤
14	사기	64	다만 지	114	寶
15	서간	65	무덤 분	115	官
16	유사	66	맑을 숙	116	眞
17	엄숙	67	목숨 수	117	靜
18	구속	68	가죽 피	118	田
19	동안	69	언덕 구	119	減
20	번안	70	수풀 삼	120	集
21	빈도	71	푸를 벽	121	絶
22	명복	72	날개 익	122	特
23	연속	73	呼吸	123	益
24	변별	74	餘個	124	賊
25	불혹	75	血脈	125	鷄
26	암송	76	博士	126	製
27	건곤	77	貧窮	127	起
28	애석	78	承繼	128	悲
29	타당	79	容納	129	應
30	탁주	80	傷處	130	君
31	제방	81	得失	131	句
32	파기	82	指示	132	經
33	답사	83	惡	133	豕
34	선승	84	困	134	門
35	농담	85	走	135	火
36	흉상	86	孤	136	黑
37	교체	87	助	137	丶
38	결재	88	好	138	再考
39	갈증	89	貨	139	次例
40	계수	90	律/則/規	140	天災
41	귀환	91	退	141	齒列
42	누적	92	想	142	綠陰
43	응축	93	映畫	143	이유를 밝혀설명함
44	침잠	94	密陽	144	곰곰이 잘 생각함
45	초탈	95	神聖	145	습격을 당함
46	못 택	96	監督	146	물위에떠위어떤표적을삼는물건
47	발자취적	97	女優	147	쓸데없는 짓
48	아침 단	98	主演賞	148	旧
49	새길 명	99	依存	149	斷
50	울 읍	100	是非	150	党

3급 제20회

#	답	#	답	#	답
1	균형	51	종 례	101	潔
2	훼손	52	누구 숙	102	賣
3	연민	53	물을 매	103	髮
4	탄신	54	누울 와	104	報
5	휴대	55	슬플 오	105	濟
6	섭사	56	떨어질령	106	顯
7	혐기	57	잔 배	107	硏
8	위독	58	거둘 확	108	㉡
9	채소	59	떠들 소	109	㉠
10	사알	60	무릎쓸모	110	㉣
11	적멸	61	맛볼 상	111	㉤
12	유현	62	조카 질	112	㉢
13	지체	63	쪼갤 석	113	續
14	함몰	64	바로잡을교	114	迎
15	서원	65	떨 약	115	悲
16	습윤	66	나을 유	116	取
17	의뢰	67	또 차	117	多/衆
18	호소	68	민첩할민	118	慶
19	맥아	69	길 도	119	存
20	우심	70	닭 유	120	貴
21	빙장	71	갈릴 체	121	榮
22	외구	72	게으를태	122	攻
23	약탈	73	調整	123	源
24	척사	74	寄與	124	盡
25	해박	75	遊覽船	125	態
26	계해	76	陣營	126	歎
27	칠포	77	威嚴	127	孤
28	황음	78	寢具	128	骨
29	호접	79	檀紀	129	官
30	답습	80	疲困	130	勸
31	회한	81	標準	131	普
32	궤적	82	稱頌	132	守
33	붕괴	83	負擔	133	木
34	균열	84	儉素	134	瓜
35	섭렵	85	批評	135	巾
36	연암	86	旅券	136	辛
37	침강	87	誤判	137	日
38	곤전	88	鷄卵	138	祭器
39	복채	89	吸煙	139	投射
40	첨탑	90	墓碑	140	毒酒
41	피체	91	殘雪	141	支障
42	유구	92	核彈頭	142	寶典
43	부임	93	溫暖	143	철새
44	압운	94	輕減	144	눈물 흘림
45	추모	95	干潮	145	몸을 숨김
46	어찌 기	96	眞實	146	이웃나라
47	훔칠 절	97	選擇	147	자주 일어남
48	얽힐 규	98	將	148	圍
49	조 속	99	訪/索	149	竜
50	액 액	100	助/護	150	点

3급 기출예상 [가]

#	답	#	답	#	답
1	창달	51	거만할오	101	與
2	붕괴	52	이 사	102	裝
3	계축	53	화살 시	103	引
4	초침	54	쪼갤 석	104	招
5	첨예	55	나 여	105	髮
6	매몰	56	없을 망	106	靜
7	균열	57	비록 수	107	革
8	습윤	58	민첩할민	108	存
9	포옹	59	벼 도	109	縮
10	졸렬	60	즐길 긍	110	尊/高
11	경신/갱신	61	어찌 나	111	急
12	경술	62	부르짖을규	112	經
13	참괴	63	조 속	113	迎
14	해금	64	액 액	114	勤
15	착오	65	훔칠 절	115	伏/臥
16	재앙	66	초하루삭	116	厚
17	외경	67	물가 애	117	歡/慶/樂
18	함해	68	슬플 오	118	源
19	섭렵	69	짝 필	119	官
20	구차	70	싫을 혐	120	遇
21	기각	71	벼슬 작	121	敢
22	단지	72	병풍 병	122	緣
23	편이	73	危機	123	飛
24	돌궐	74	綠陰	124	衆
25	연체	75	貯蓄	125	歸
26	연암	76	疲困	126	背
27	우심	77	盜伐	127	復
28	염탐	78	祕密	128	①
29	약탈	79	保護	129	②
30	훼절	80	糧穀	130	③
31	휴대	81	簡潔	131	①
32	채소	82	抗拒	132	④
33	척사	83	離脫	133	香水/鄕愁
34	알현	84	鐵筋	134	港口
35	탄신	85	戒嚴令	135	點燈
36	의구	86	逃避	136	劇團/劇壇
37	지참	87	姿態	137	容器/用器
38	압운	88	逆調	138	서로 사양함
39	섭취	89	傾聽	139	울면서 하소연함
40	서거	90	閑暇	140	철새
41	탄주	91	驚歎	141	배고픔과목마름
42	오한	92	破損	142	마음에 걸림
43	미혹	93	防犯	143	火(灬)
44	복개	94	就職	144	土
45	궤적	95	屈折	145	田
46	예 석	96	激讚	146	至
47	어찌 기	97	除隊	147	鳥
48	누구 수	98	喜	148	屬
49	사냥 렵	99	覽	149	稱
50	기와 와	100	顯	150	圍

기출예상문제정답

3급 기출예상 [나]

#	답	#	답	#	답
1	병렬	51	병풍 병	101	紀
2	혐의	52	좇을 준	102	墓
3	병술	53	어두울 명	103	徒
4	알현	54	따라죽을 순	104	訪
5	제휴	55	여러 서	105	報
6	읍소	56	누구 수	106	愁/患
7	누전	57	모름지기 수	107	組
8	괘념	58	기와 와	108	③
9	섭렵	59	또 차	109	①
10	과장	60	재상 재	110	④
11	타협	61	누구 숙	111	②
12	복개	62	슬플 오	112	①
13	답교	63	이에 내	113	損
14	소원	64	덮을 폐	114	厚
15	귀감	65	기러기 홍	115	淸
16	투철	66	훔칠 절	116	早
17	배척	67	날개 익	117	榮
18	교묘	68	부르짖을 규	118	盛
19	호환	69	보낼 견	119	吉
20	부임	70	돌 순	120	貴
21	빈번	71	가물 한	121	衆
22	타옥	72	꺼릴 기	122	美
23	외구	73	快適	123	窮
24	해금	74	困境	124	據
25	착각	75	負傷	125	勸
26	조상	76	慶州	126	節
27	폐기	77	細胞	127	和
28	계피	78	異域	128	笑
29	간음	79	豫算	129	田
30	사기	80	儉素	130	源
31	궁낙	81	通帳	131	絶
32	수면	82	彈壓	132	求
33	훼모	83	郵票	133	辛
34	독촉	84	就寢	134	止
35	참괴	85	宣布	135	月(肉)
36	계축	86	缺席	136	火
37	해박	87	歡喜	137	口
38	참작	88	誤差	138	地緣
39	빙장	89	鷄卵	139	關係
40	탁본	90	顯忠日	140	送辭/頌辭
41	휘호	91	背水陣	141	草綠
42	음송	92	隱退	142	寶石
43	첨예	93	納稅	143	짝수
44	장계	94	崇拜	144	이바지
45	붕어	95	高麗	145	태워 없앰
46	담 장	96	離婚	146	새벽별
47	상서 상	97	亂舞	147	강을 건넘
48	쪼갤 석	98	帝	148	庁
49	빚 채	99	收	149	點
50	벼 도	100	賣	150	證

3급 기출예상 [다]

#	답	#	답	#	답
1	인척	51	벼 도	101	激烈
2	체포	52	두려울 구	102	假髮
3	염치	53	눈물 루	103	祕書
4	구축	54	잡을 파	104	納得
5	징벌	55	어두울 명	105	移轉
6	궤적	56	나라 방	106	餘暇
7	오염	57	새벽 효	107	靜肅
8	현저	58	줄 사	108	犯罪
9	유치	59	갈 서	109	隱居
10	준수	60	볼 열	110	觀覽
11	홍안	61	물방울 적	111	構築
12	모반	62	잡을 착	112	組織
13	고갈	63	슬퍼할 개	113	豫防
14	긴박	64	뿌릴 파	114	憤痛
15	편파	65	동료 료	115	慰勞
16	폭등	66	반딧불 형	116	裝備
17	용졸	67	이끌 견	117	郵票
18	혐의	68	베개 침	118	證據
19	양찰	69	모 묘	119	傾聽
20	호접	70	도울 좌	120	旅券
21	연민	71	남길 유	121	師範
22	예기	72	떨어질 령	122	妙案
23	절념	73	①	123	切/齒
24	후작	74	②	124	骨/難
25	도약	75	③	125	街/談
26	매장	76	④	126	田/鬪
27	화폭	77	①	127	指/爲
28	수면	78	實在	128	飛/落
29	기증	79	閑	129	刻/求
30	참상	80	屈服/順應	130	孤/節
31	빈번	81	眞	131	優/斷
32	필경	82	開放	132	獨/尊
33	돈독	83	取	133	陣地
34	무산	84	貧困/貧窮	134	護衛
35	기각	85	慶	135	童謠
36	추모	86	怨恨	136	遊離
37	한재	87	降/除	137	授乳
38	혼미	88	送	138	허리띠
39	망막	89	橋	139	더위를 피함
40	번뇌	90	庫	140	남을 속임
41	둔탁	91	統/比	141	벌꿀
42	태만	92	亂	142	조밥
43	지연	93	帳	143	冂
44	제휴	94	墓	144	曰
45	남획	95	配	145	口
46	민첩할 민	96	招	146	衣
47	즐길 긍	97	硏	147	麥
48	걸 괘	98	模寫	148	杰
49	업신여길 모	99	雄辯	149	与
50	무너질 붕	100	專屬	150	尽

3급 기출예상 [라]

#	답	#	답	#	답
1	한증	51	마침내 경	101	趣味
2	멸균	52	뽕나무 상	102	分斷
3	도탄	53	더욱 우	103	測量
4	애수	54	빌려줄 대	104	觀光
5	도괴	55	빚 채	105	體操
6	기각	56	어찌 기	106	靜肅
7	경진	57	토할 토	107	鐵道廳
8	수면	58	반딧불 형	108	寢室
9	도약	59	부끄러울 괴	109	賞罰
10	조갈	60	어두울 명	110	姿態
11	계몽	61	누울 와	111	擔任
12	속현	62	여러 루	112	燃料
13	빈번	63	조카 질	113	勤勉
14	거리	64	떨칠 불	114	儒敎
15	수면	65	가슴 흉	115	歡迎
16	돈독	66	우레 진	116	支援
17	복개	67	더러울 오	117	稱讚
18	구견	68	이 자	118	醫藥
19	곤전	69	기러기 안	119	滿潮
20	격려	70	미혹할 미	120	混合
21	각료	71	걸 괘	121	勸獎
22	포격	72	배반할 반	122	盜賊
23	둔탁	73	傳記	123	(100)
24	과식	74	衆智	124	(101)
25	번뇌	75	遊牧	125	(108)
26	염치	76	遺志	126	(110)
27	간청	77	重刑	127	(120) (121)
28	예속	78	早	128	虛張
29	양찰	79	美	129	好機
30	교도	80	厚	130	同床
31	검무	81	尊/高	131	思義
32	돌궐	82	寒	132	燈下
33	점등	83	福	133	讀經
34	선린	84	慶	134	九曲
35	겸양	85	給	135	無盡
36	마포	86	存	136	識者
37	남획	87	易	137	感天
38	기피	88	比/統	138	해가 질 무렵
39	연민	89	落	139	몰래 들어감
40	사기	90	招	140	돼지우리
41	용렬	91	少	141	77세
42	징역	92	洗	142	성대한 의식
43	광포	93	客	143	手
44	촉대	94	侵	144	土
45	작록	95	神	145	力
46	답습	96	模	146	木
47	구중	97	獨	147	月(肉)
48	부끄러울 참	98	縮小	148	辞
49	윤달 윤	99	樹液	149	竜
50	누릴 향	100	藝術	150	処

초판일자 : 2015년 8월 20일   발행일자 : 2015년 8월 25일